MARTIN BEILS / KRISTINA HELLWIG

Bergisches Land – *die kühne Gegend*

66 LIEBLINGSPLÄTZE
und 11 Promis

MARTIN BEILS / KRISTINA HELLWIG

Bergisches Land – *die kühne Gegend*

INDUSTRIE, KULTUR, LANDSCHAFT

GMEINER

Bildverzeichnis:
Martin Beils 12/13, 24, 28, 30, 34, 36, 38, 48/49, 50, 54, 58, 64, 68, 74, 78, 80, 82/83, 84, 88, 90, 92, 98, 100, 102, 116, 118, 124, 126/127, 128, 138, 144, 150, 154, 156, 158, 162, 164/165, 166, 172, 176, 180; Kristina Hellwig 14, 16, 18, 20, 40, 44, 56, 60, 62, 76, 94, 96, 112, 120, 122, 132, 136, 142, 148, 160, 168, 174, 178, 182; Thilo Saltmann 22; Martin Kempner 26; Steffen Möller 46; WDR 66; Wasserski Langenfeld 70; Lietzow/Villière, Stadt Mettmann 72; RTB/David Young 86; Krolop & Gerst 104; Bayer AG 106; Franziska Beils 108; Uwe Miserius 110; MS Europa/Lutz Jäkel 114; Deutsche Post 130, ACT/Jörg Grosse Geldermann 140; DJH Landesverband Rheinland e.V. 152; Ranga Yogeshwar 184

Die Prominentenporträts 1, 2, 8 und 10 greifen auf Material aus ›Bekannt. Bedeutend. Bergisch. 33 Lebensskizzen bergischer Persönlichkeiten‹ von Martin Beils und Kristina Hellwig zurück. Der Nachdruck erfolgt mit freundlicher Genehmigung des Verlags Heider.

Autoren und Verlag haben alle Informationen geprüft. Gleichwohl wissen wir, dass sich Gegebenheiten im Verlauf der Zeit ändern, daher erfolgen alle Angaben ohne Gewähr. Sollten Sie Feedback haben, bitte schreiben Sie uns! Über Ihre Rückmeldung zum Buch freuen sich Autoren und Verlag: lieblingsplaetze@gmeiner-verlag.de

Besuchen Sie uns im Internet:
www.gmeiner-verlag.de

Im Ehnried 5, 88605 Meßkirch
Telefon 07575/2095-0
info@gmeiner-verlag.de

1. Auflage 2014

Lektorat/Korrektorat: Claudia Reinert
Satz: Julia Franze
Bildbearbeitung/Umschlaggestaltung: Alexander Somogyi
unter Verwendung eines Fotos von © wion – Fotolia.com
Kartendesign: Kim-Anna Bucher
Druck: AZ Druck und Datentechnik GmbH, Kempten
Printed in Germany
ISBN 978-3-8392-1550-0

DAS BERGISCHE STÄDTEDREIECK

DAS NIEDERBERGISCHE

RHEIN-BERG UND LEVERKUSEN

DAS OBERBERGISCHE

BERGISCHER RHEIN-SIEG-KREIS

STARK WIE DER BERGISCHE LÖWE

Vorwort

Die Bergischen haben ein schönes Heimatlied. Die Männergesangvereine, von denen es hier reichlich gute und weniger gute gibt, singen es mit Inbrunst und die Grundschulkinder auch, wenn es ihre Lehrer denn noch kennen. ›Wo die Wälder noch rauschen, die Nachtigall singt‹, heißt es in der ersten Zeile, die der Solinger Rudolf Hartkopf Ende des 19. Jahrhunderts verfasst hat. Von hoch ragenden Bergen und einem erklingenden Amboss ist darin die Rede, von murmelnden Bächlein und dem Schatten der Eiche. All das gibt es auch heute noch.

Eine Zeile aus einem anderen ›Heimatlied‹ würde aber das Lied der Bergischen heute ganz gut ergänzen: eine aus der Bundeshymne Österreichs. Als ›Heimat großer Töchter und Söhne‹ wird Austria besungen. Das Bergische Land aber – die Region zwischen Ruhrgebiet und Sieg, zwischen Rhein und Sauerland – hat wahrlich große Söhne und Töchter hervorgebracht.

Kein anderer Landstrich bringt es auf zwei Bundespräsidenten: den Solinger Walter Scheel und den Wuppertaler Johannes Rau. Im Schwelmer Gustav Heinemann kommt dazu noch einer gleich aus der Nachbarschaft. Pina Bausch brachte es mit ihrem Tanztheater zu Weltruhm, und Karlheinz Stockhausen schrieb Musikgeschichte. Die schönen Töchter Heidi Klum aus Bergisch Gladbach und Veronica Ferres aus Solingen schätzen ihre Heimat. Der Gummersbacher Heiner Brand steht für die größten Erfolge des deutschen Handballs, und der Wuppertaler Erich Ribbeck gab ein Intermezzo als Teamchef der deutschen Fußball-Nationalmannschaft.

Die Politiker Wolfgang Bosbach und Rita Süßmuth und der Philosoph Richard David Precht (ein Mitschüler von Ferres übrigens) sind Stammgäste in den Fernsehshows – etwa bei Frank Plasberg, dem Wermelskirchener, oder bei Ranga Yogeshwar aus Hennef an der Sieg. Allein diese Namen von ›Promis‹ zeigen, welch bedeutende Region das Bergische Land ist. Einige interessante Persönlichkeiten stellen wir in diesem Buch vor.

Im Bergischen fällt es auch nicht schwer, einzigartige Sehenswürdigkeiten zu finden: die Schwebebahn in Wuppertal zum Beispiel, das Neanderthal Museum an der Stadtgrenze Erkrath/Mettmann oder die Müngstener Brücke, die Solingen und Remscheid verbindet. Um die meisten der 1a-Orte haben wir einen Bogen geschlagen, als wir unsere Lieblingsplätze in der Region gesucht haben. Die Landschaft ist so vielfältig, es gibt so viele historische Schätze zu entdecken, immer neue Freizeitangebote ziehen das Publikum an. Angesichts der Fülle fällt es schon schwer, sich auf 66 Ziele, die einen Besuch lohnen, zu beschränken.

Bei der Grenzziehung der Region haben wir uns – durchaus großzügig – an den Gebietskörperschaften orientiert. Das Niederbergische mit dem Kreis Mettmann reicht dabei bis ans Ruhrgebiet, das Bergische Städtedreieck mit Wuppertal, Solingen und Remscheid hat ein ausgeprägtes Selbstbewusstsein, und der Rheinisch-Bergische Kreis mit dem benachbarten Leverkusen liegt ›noh bei Kölle‹ (nah bei Köln), wie sich ganz treffend ein Karnevalsverein in Wermelskirchen-Dabringhausen nennt.

Doch was ist der gemeinsame Nenner dieser Region? Die Sturköpfigkeit ihrer Bewohner vielleicht. Die bemerkenswerten Regenmengen bestimmt. Ganz sicher aber, dass fast alle Städte dieses Landstrichs den bergischen Löwen in ihrem Wappen tragen. Und dass es in praktisch jeder Gemeinde eine Wirtschaft gibt, die ›Bergischer Hof‹ heißt. Interessant ist auch, was die Bergischen als typisches Gastgeschenk aus ihrer Region mitnehmen, wenn sie ins Ausland reisen. Ein in aller Welt geschätzte Mitbringsel sind Messer. ›Made in Solingen‹ ist ein Qualitätsbegriff auch auf fremden Kontinenten. Das Bergische Land – eine kühne Gegend.

DAS BERGISCHE STÄDTEDREIECK

DER WIPPERKOTTEN AM SOLINGER WUPPERUFER. IN DEN HOCH-ZEITEN DER BERGISCHEN SCHLEIFER STAND AM FLUSSUFER ALLE 150 METER EIN BETRIEB.

ESCHBACHTALSPERRE ///
ZUFAHRT ÜBER AUTOBAHNRASTSTÄTTE REMSCHEID ///
42859 REMSCHEID ///

DEUTSCHLANDS ERSTE TRINKWASSERTALSPERRE

Remscheid – Eschbachtalsperre

1

Wassermangel? Das kann man sich im regenreichen Bergischen Land heute kaum vorstellen. Selbst wenn es zwei Jahre lang nicht regnete, würde die Große Dhünntalsperre die Bewohner von Remscheid mit Trinkwasser versorgen können. Im 19. Jahrhundert aber kam das Wasser in der Region ausschließlich aus Bächen und Brunnen – und in der wachsenden Stadt wurde die Situation in trockenen Sommern dramatisch. So entschloss man sich 1887 zu einem Schritt, den noch keine andere Stadt zuvor gegangen war: eine Talsperre für die Trinkwasserversorgung zu bauen. Vier Jahre später war die erste Trinkwassertalsperre Deutschlands fertig. Die Konstruktion von Otto Intze wurde Vorbild für unzählige weitere Anlagen.

Heute dient die Eschbachtalsperre nur noch im Notfall der Trinkwasserversorgung. Doch die Remscheider lieben ihre Talsperre. Für den Sonntagsspaziergang, zum Joggen, als Ausgangspunkt für längere Wanderungen. Hier finden Läufer eine Strecke ohne größere Steigungen – das ist selten im Bergischen Land. Und deswegen sind sie zu nahezu allen Tageszeiten auf dem Rundkurs um das Wasser anzutreffen.

Die kürzeste Runde misst knapp drei Kilometer, und doch ist sie groß genug, dass sich Läufer und Spaziergänger nicht gegenseitig auf die Füße treten. Wer den Blick nach oben richtet, entdeckt mit etwas Glück einen Buntspecht. Am frühen Morgen steht schon mal ein Reh auf dem Weg. Die Eschbachtalsperre ist kein künstlich wirkender Stausee. Sie passt sich in die Waldlandschaft ein, als gehörte sie dorthin. Deswegen ist es dort zu jeder Jahreszeit schön. Wenn im Herbst Dunst über dem Wasser liegt, sich im Winter eine Eiskruste über die Wasseroberfläche zieht, der Wald im Frühjahr den ersten grünen Schimmer bekommt oder im Sommer für willkommene Abkühlung sorgt. Ein Ort für eine Atempause, direkt vor den Toren der Stadt.

Für Technikfans: Der Stauinhalt beträgt 1,06 Millionen Kubikmeter. Die Krone der Staumauer ist 160 Meter lang.

IM EICHENFASS REIFEN DIE BRÄNDE DER DESTILLE FRANTZEN.

MUSEUM DESTILLE FRANTZEN /// ALTE FREIHEITSTRASSE 24 ///
42857 REMSCHEID /// 0 21 91 / 2 69 26 ///
WWW.MUSEUM-DESTILLE-FRANTZEN.DE ///

WO DER KARDINAL EIN EDLER TROPFEN IST

Remscheid – Museum Destille Frantzen

2

Mit jedem Schritt wird es kühler. Im Sommer sind die Fasskeller der Firma ›Gebr. Frantzen‹ ein wunderbarer Ort. Rainer Frantzen schiebt mit einem kräftigen Ruck die grüne Holztür auf – und eröffnet seinen Besuchern eine fremde Welt und Zeit.

Museum und aktive Produktion verbinden sich in dem Fabrikgebäude aus dem Jahr 1861 an der Alten Freiheitstraße in Remscheid. Frantzens Vorfahren haben dort seit Napoleons Zeiten Korn gebrannt. Die Rohbrand-Kolonne der Destille ist heute noch im Museumsteil des Gebäudes zu besichtigen. Und Rainer Frantzen kann fast im Schlaf erklären, wie dort aus Getreide feinster Schnaps wurde. Doch diese Zeiten waren schon lange vorbei, als er 1992 das Familiengeschäft wieder aufnahm. Frantzen brennt nicht selbst, er ist auf die Veredelung von Korn und die Herstellung von Likören nach altem Familienrezept spezialisiert.

Seine Schätze reifen im Keller in alten Eichenfässern. Mit einem Schlag mit dem Holzhammer löst Frantzen den Stöpsel aus einem der Fässer und steckt einen langen Messstab hinein. Er verrät: »Das ist eine echte Kostbarkeit: 50 Jahre alter Weinbrand.« Er riecht aromatisch und fein. Diesen Edel-Branntwein kaufen nur echte Kenner – eine Flasche kostet 123,50 Euro.

Frantzens Kräuterlikör, der ›Kardinal‹ wird in einem anderen Kellerraum in einem überdimensionalen Steingutfass gelagert. Er beruht auf einem alten Rezept der Benediktinermönche. Mehr als 41 Kräuter sind darin enthalten.

Den Korn bekommt der Remscheider heute aus einer Hennefer Brennerei. Über einen alten Schrägaufzug werden die modernen Fässer in den Keller transportiert, und Frantzen pumpt den Hochprozentigen in seine Eichenfässer um. Und dann? »Dann dreh ich den Schlüssel um und tue nichts.« Fünf Jahre später dürfen die ersten Besucher das Ergebnis kosten.

Das Museum Destille Frantzen ist ein reines Privatmuseum. Gruppen ab 15 Personen können eine Führung buchen. Eine Verkostung gehört natürlich dazu.

ALTSTADT LENNEP /// 42897 REMSCHEID ///
DEUTSCHES RÖNTGEN-MUSEUM /// SCHWELMER STRASSE 41 ///
42897 REMSCHEID /// 0 21 91 / 16 33 84 ///
WWW.ROENTGENMUSEUM.DE ///

DAS BERGISCHE LAND IST SCHWARZ, WEISS UND GRÜN

Remscheid – Lenneper Altstadt

3

Den bergischen Dreiklang kann man nicht hören. Aber er ist unübersehbar. Selbst dort, wo sich Nachkriegsbauten ausgebreitet haben oder moderne Architektur errichtet wurde, findet sich immer ein Haus, das die bergischen Farben trägt: Schwarz, Weiß und ein sattes Grün. Schwarzer Schiefer mit weißen Fensterrahmen, schwarz-weißes Fachwerk, grüne Schlagläden und Türen – das ist typisch für das Bergische Land.

Der Begriff ›Bergischer Dreiklang‹ ist jung, wohl eine Erfindung der Marketing-Strategen des 20. Jahrhunderts, die Farbkombination aber ist Tradition. Deswegen steht sie unter Schutz. Wer in den historischen Ortskernen der Remscheider Stadtteile Lennep oder Lüttringhausen auf die Idee käme, die Fensterläden seines Hauses knallrot zu streichen, hätte bald die städtischen Denkmalschützer vor der Tür stehen – und müsste erneut zu Pinsel und Farbe greifen. Diesmal mit Bergisch Grün, einem fest definierten Ton auf der Farbpalette.

Dank dieser Regeln reiht sich in der Lenneper Altstadt in manchen Straßen Fachwerk an Fachwerk. ›Fachwerkmuseum‹ hat das ein Kollege aus dem Rheinland einmal genannt. Er meinte das abschätzig. Er irrt.

Lennep wurde Mitte des 13. Jahrhunderts zur Stadt erhoben, aber wirklich alte Häuser findet man dort nicht mehr. Denn dreimal wurde die Stadt durch ein Feuer zerstört. Den letzten Stadtbrand lösten 1746 die Kinder der Familie Windgassen aus, während der Rest der Stadt eine Hochzeit feierte. Beim Wiederaufbau widerstanden die Lenneper einem lukrativen Angebot des Kurfürsten Carl Theodor, ihre Stadt im Schachbrettmuster neu zu bauen. So erinnert der Grundriss der Altstadt noch heute an ihre mittelalterlichen Vorgänger.

Für den Bergischen Dreiklang gibt es im Übrigen noch eine Definition: Schwarz wie die Steine, weiß wie die schäumenden Wasser der Bäche und grün wie die Wälder. Auch das passt.

Nicht verpassen: Das Deutsche Röntgen-Museum am Rand der Altstadt erzählt modern und unterhaltsam von Röntgen (1845 in Lennep geboren) und seinen Strahlen.

RATHAUS REMSCHEID /// THEODOR-HEUSS-PLATZ 1 ///
42853 REMSCHEID /// 0 21 91 / 16 37 65 /// WWW.REMSCHEID.DE ///

ÜBERRASCHENDE AUSBLICKE AUS 400 METERN HÖHE

Remscheid – Rathausturm

4

Der Kölner Dom liegt Remscheid zu Füßen. Deutlich sichtbar ragen seine Spitzen aus dem Dunst hervor. 31 Kilometer Luftlinie liegen zwischen dem Remscheider Rathaus und der Kölner Kathedrale. An klaren Tagen sind sie mit bloßem Auge zu überwinden.

Dieser Ausblick vom höchstgelegenen Gebäude der Stadt bleibt nicht den Mitarbeitern der Stadtverwaltung vorbehalten. Immer am ersten Montag im Monat führt die Stadt Remscheid Besucher auf den Turm hinauf. Sie drängen sich auf den Balkonen des Gebäudes, das sich an seiner höchsten Stelle 62 Meter über der Stadt erhebt. Absolut gemessen stehen die Teilnehmer der Führung rund 400 Meter über dem Meeresspiegel. Sie gucken, entdecken, staunen. Die Auslöser ihrer Kameras klicken. »Wie grün Remscheid ist!«, sagt eine Frau fast andächtig zu ihrem Begleiter. Die Industriestadt ist nicht nur vollständig von Wald eingefasst, auch manche Straßenzüge sind komplett grün. Es gibt kein Viertel ohne Bäume.

Remscheid ist ist eine Stadt mit Weitsicht – wenn das Wetter mitspielt. Im Novemberregen ist die Rathausspitze vom Platz davor gar nicht zu erkennen. An einem Sommertag aber entdecken die Besucher nicht nur Köln. In Richtung Nordwesten bestimmen Türme die Aussicht. Der Wasserturm, liebevoll Waterbölles genannt, der Turm der Martin-Luther-Kirche und der der Sternwarte bilden eine Zickzacklinie, die viele, viele Kilometer weiter, gerade noch sichtbar, am Fernsehturm neben dem Düsseldorfer Landtag endet. Und in Richtung Südosten? »Das ist der Unnenberg«, sagt ein Mann und zeigt auf eine grüne Kuppe. Mit 505,7 Metern über dem Meeresspiegel ist der Berg bei Marienheide die höchste Erhebung im Bergischen Land.

Vor diesem Ausblick steht die Anstrengung: 222 Stufen sind vom Rathausfoyer bis zum höchsten Zimmer zu bewältigen. Die Mühe lohnt. Und der Rückweg fällt danach auf einmal ganz leicht.

Noch ein Lieblingsplatz: Beim Café Sahnetörtchen ist der Name Programm – eine kleine Oase in einer Seitenstraße der Fußgängerzone (Scharffstraße 3).

VOM SAMS ZUM TATORT-STAR

ChrisTine Urspruch

Zwei Rollen haben ChrisTine Urspruch bekannt gemacht. Für drei Kinofilme verwandelte sich die Schauspielerin, die in Remscheid geboren wurde, mit Hilfe eines engen Taucheranzugs, einer roten Perücke und einer Schweinsnase in die Kinderbuchfigur Sams. Die erwachsenen Fernsehzuschauer treffen sie sonntags im Tatort aus Münster, dort ist Urspruch ›Alberich‹: Nach dem Zwerg aus der Nibelungensage nennt der Chefpathologe Boerne (gespielt von Jan Josef Liefers) seine Assistentin Silke Haller.

ChrisTine Urspruch ist 1,32 Meter groß. Im Tatort ist der ironische, ja dreiste Umgang mit der Körpergröße von Silke Haller Kult. Im Alltag erwartet Urspruch Differenzierung. »Die Kleinwüchsigkeit ist Teil meiner Person«, sagt sie. Aber es nervt sie, wenn ihre Körpergröße im Zentrum steht. Mit der Schreibweise ihres Namens, dem großen T in ChrisTine, gibt sie einen Hinweis darauf, wie sie die Dinge sieht: »Groß und klein existieren nebeneinander.«

Vor und hinter der Kamera ist ChrisTine Urspruch eine Frau, die Energie und Stärke ausstrahlt. Sie lacht gerne. »Ich bin eine Frohnatur«, sagt sie. Und würde in ihrem Beruf dennoch auch mal düstere, unsympathische Rollen ausfüllen. Ihre Laufbahn begonnen hat sie in der Theatergruppe ›Brot und Spiele‹, einer Gruppe der Musik- und Kunstschule Remscheid. Als junge Frau stößt sie dazu – und schafft von dort den Sprung ins professionelle Schauspiel.

Mit ihrem Mann, dem Regisseur Tobias Materna, und ihrer Tochter Lilo lebt Urspruch im Allgäu. Die Landschaft erinnert sie an ihre bergische Heimat. »Ich sehe von hier aus die Alpen, die haben wir im Bergischen natürlich nicht, aber sanft bewaldete Hügel kenne ich aus meiner Kindheit.« Wenn sie im Rheinland dreht, gehört ein Abstecher zur Familie dazu. Wieder in Remscheid zu sein, gibt ChrisTine Urspruch immer noch das Gefühl, nach Hause zu kommen.

Neben dem Fernsehen liebt ChrisTine Urspruch die Auftritte im Theater. Sie steht regelmäßig auf der Bühne. 2012 spielte sie erstmals im Volkstheater Wien.

EISLAUFEN IN ITTERTAL: MALIN UND LARA BEIM WINTERVERGÜNGEN IN SOLINGEN.

ITTERTAL /// MITTELITTER 10 /// 42719 SOLINGEN /// 02 12 / 23 03 90 /// WWW.ITTERTAL.DE ///

EISLAUF UNTER FREIEM HIMMEL

Solingen – Ittertal

5

Die Pinguine und die Zwerge haben viel einstecken müssen. Der Lack ist ab: von den Mützen, von der Nase, von den Ellenbogen. Die Jungs mussten ja schon eine Menge durchmachen. An jedem Wintertag stellen sie sich zur Verfügung – als Hilfen für junge, wackelige Eislauf-Debütanten. Die Kinder halten sich an den Figuren fest und schieben sie vor sich her, wenn sie ihre ersten Schritte auf dem Eis machen. Die Pinguine fallen dabei schon einmal auf den Schnabel, und die Zwerge rammen die Bande.

Tausende von Jungen und Mädchen haben hier gelernt, Schlittschuh zu laufen. Im Ittertal, ein wenig versteckt am Solinger Stadtrand zu Haan, liegt die einzige bergische Kunsteisbahn unter freiem Himmel. Sie behauptet sich trotz der Konkurrenz der Eishalle im Stadtzentrum.

Im Sommer gehören zu der Freizeitanlage unter anderem ein Freibad und Sandplätze für Beachvolleyball, -handball und -soccer – dennoch verströmt die Eisbahn im Winter den Charme vergangener Jahrzehnte. Im Büdchen, wie der Kiosk hier in der Region heißt, gibt es Pommes und Currywurst, Fruchtgummi-Gebisse und Kinderpunsch, kein Schickimicki, sondern zeitloser Genuss, nicht nur für Kinder.

Der Betrieb der Freizeitanlage liegt in den Händen einer Initiative zur Wiedereingliederung Langzeitarbeitsloser. Der Laden läuft mal besser, mal schlechter. Je nach Wetterlage. Zur ›Ice-Party‹ mit rockigem Eistanz kommen bis zu 1.000 Besucher.

Ein paar Hundert Meter entfernt von der Eisbahn lädt im Sommer der Freizeitpark Ittertal ein. Schon vor gut 100 Jahren war der damalige Ittertaler Volksgarten ein beliebtes Ausflugsziel in Solingen. Damals warb ein Tanzlokal ersten Ranges und präsentierte sich dort in einem Park mit kleinem See und einem Wasserkarussell als Attraktion. Das Karussell dreht sich nach aufwendiger Renovierung heute wieder.

Die Eisfläche wird in den Abendstunden nach vorheriger Anmeldung auch komplett vermietet. Eishockeyschläger können geliehen werden, Tore stehen bereit.

VERONICA FERRES BEIM KARTOFFELVERKAUF AN EINEM MARKTSTAND IHRES BRUDERS.

DER SUPERSTAR VOM KARTOFFELHOF

Veronica Ferres

2/11

Veronica Ferres fühlt die Geborgenheit der Familie und die Wärme, wenn sie sich ihrer Kindheit in Solingen erinnert. Doch manchmal fröstelt es sie, und sie muss schmunzeln. Und zwar immer dann, wenn sie etwa ans Schellbergbad denkt. Am Sonntagmorgen ging der Vater gern mit ihr zum Schwimmen in die Becken unterhalb von Burg Hohenscheid. Egal, ob es noch früh war. Und egal, ob das Wasser im späten Frühling oder am Ende des Sommers arg, arg kalt war. Wenn Peter Ferres und seine Tochter nach Hause kamen, deckten sie gemeinsam den Frühstückstisch.

Wunderschön sei das gewesen, sagt die Schauspielerin. Genau wie die Radtouren zum Rüdenstein oder weiter zur Sengbachtalsperre, die Schlittenfahrten am Teufelsberg oder der Besuch bei den Rehen in Landwehr.

Ferres gehört zu den bekanntesten Schauspielerinnen des Landes. Ihren Lebensmittelpunkt hat sie längst im Münchener Raum gefunden Doch wenn sie von ihrer bergischen Heimat spricht, gerät sie schnell ins Schwärmen. Die Eltern haben die Kinder in der Natur aufwachsen lassen. Den Betrieb, der mit Kartoffeln und Kohlen handelt, gibt es bis heute in der Südstadt an der Eichenstraße. Ihr Bruder Herbert führt ihn in dritter Generation.

Aus Spaß an der Freud hilft sie manchmal an dessen Marktstand mit, wenn sie gerade in der Gegend ist. So war es auch schon früher: Sie unterstützte ihre Eltern auf den Wochenmärkten. Sie schleppte Säcke und bekam ein starkes Kreuz.

Die Naturverbundenheit und die Sportlichkeit hat Veronica Ferres damals mit auf den Weg bekommen. Gleich auf der anderen Seite der Straße lag ein Reiterhof, auf dem sie sich oft aufgehalten hat. Sie liebt Pferde und bezeichnet sich als eine leidenschaftliche Reiterin. Hinter dem Hof ging es in die Wälder und hinunter ins Tal der Wupper hinaus in die Freiheit.

Der Filmtitel ›Das Superweib‹ haftete lange an Veronica Ferres. Doch als Buhlschaft im Jedermann gewann sie bei den Salzburger Festspielen Anerkennung im ernsten Fach.

HARIBO /// WUPPERTALER STRASSE 76 /// 42653 SOLINGEN ///
02 12 / 2 50 21 42 /// WWW.HARIBO.COM ///

DAS BERGISCHE SCHLARAFFENLAND

Solingen – Haribo-Werksverkauf

6

Der Weg führt über die Wuppertaler Straße in Solingen. Jeden Mittwoch kommt der achtjährige Emre vorbei, seine Betreuerin Andrea fährt mit ihm dort lang. Und jede Woche sagt Emre: »Andrea, kannst du das Fenster öffnen?« Egal ob es regnet oder schneit, sie kurbelt das Fenster herunter. Denn es riecht so lecker, wenn sie an der Produktionsstätte von Haribo vorbeifahren.

Seit 1974 produziert Haribo (Abkürzung für ›Hans Riegel, Bonn‹) in Solingen. Das Unternehmen übernahm die Produktionsstätten von Dr. Hiller, einem Hersteller von Pfefferminzbonbons. 840 Menschen arbeiten derzeit hier. 20 Millionen Euro hat das Unternehmen gerade in das neue Großlager investiert, in dem geschätzte vier Milliarden Gummibärchen – oder Goldbären, wie der Hersteller sie bezeichnet – auf den Transport in alle Welt warten. Schlümpfe und Schlangen aus Fruchtgummi, Lakritze und Mäusespeck werden hergestellt. Die Rezepturen sind streng geheim.

Der Werksverkauf, in dem vor Karneval Hochbetrieb herrscht, ist ein Schlaraffenland. Gummibärchen gibt es zum Beispiel in Ein-Kilo-Tüten. Und das auch noch sortenrein. Weiß (mit Ananas-Geschmack) und Rot (Kirsche) liefen zuletzt besonders gut, denn viele Fußballsfans von Fortuna Düsseldorf deckten sich in den Farben ihres Vereins süß ein. Als Herbert Grönemeyer in seinem Lied ›Kinder an die Macht‹ von den ›Armeen aus Gummibärchen‹ sang, mag er an Solingen gedacht haben.

Knapp zwei Kilometer nördlich liegt ein anderes Schlaraffenland: die Zentralfachschule der Deutschen Süßwarenwirtschaft. Seit 1954 bildet die Branche hier ihren Nachwuchs aus, nicht nur aus Deutschland, sondern aus insgesamt 30 Nationen kommen die Schüler. Ein Blick ins Jahresprogramm lässt einem das Wasser im Munde zusammenlaufen: Ein ›Einführungspraktikum Schokolade‹ und einen ›Praxiskurs Kaugummi‹ gibt es dort zum Beispiel.

Zu empfehlen: die Vier-Kilo-Pakete mit Bruchware. Der Werksverkauf bietet auch Lakritz für den dänischen Markt, den es sonst in Deutschland nicht gibt.

RUDI HEINZMANN /// GERICHTSSTRASSE 22 /// 42651 SOLINGEN ///
02 12 / 1 07 73 ///

ROULADE UND FOHLENFILET – NAPOLEONS ERBE

Solingen – Pferdemetzgerei

7

Die Frikadellen? Zum Anbeißen. Der Gulasch? Lässt einem das Wasser im Munde zusammen laufen. Die Bratwürste? Großartig.

Rudi Heinzmann führt eine von zwei Solinger Metzgereien, die sich auf Pferdefleisch spezialisiert haben. Er bietet zwar auch Rind, Schwein und Geflügel an, doch »nach wie vor machen wir 70 Prozent unseres Umsatzes mit Pferdefleisch«, sagt er. »Das geht auch nicht zurück.« Als in Tiefkühl-Lasagne in mehreren europäischen Ländern nicht deklariertes Pferdefleisch gefunden wurde, hatte das keinen negativen Einfluss auf den Umsatz bei den Solinger Traditionsmetzgereien.

Pferdefleisch steht auch in vielen Restaurants der Klingenstadt auf der Speisekarte. Seine Popularität geht auf den Beginn des 19. Jahrhunderts zurück, als Napoleon das Rheinland besetzt hatte. »In Frankreich kannte man das schon lange,« sagt Heinzmann, »und hier hatte Pferdefleisch den Vorteil, dass es sehr preiswert war, und sich so auch die ärmeren Leute in den Kotten an der Wupper einen Braten erlauben konnten.«

Schwerpunkte des Pferdefleischkonsums in Deutschland sind neben Solingen noch Westfalen und die Region Nordhessen. In Norddeutschland, Bayern und Baden-Württemberg gibt es allenfalls noch ein paar ›Pferde-Ecken‹.

Das Fleisch ist vergleichsweise mager und schmackhaft, denn die Tiere werden nicht eigens für den Verzehr gemästet. »Früher war Pferdefleisch von schlechter Qualität, weil dafür alte, ausgemergelte Arbeitstiere geschlachtet wurden«, sagt Metzger Rudi Heinzmann. Das hat sich mittlerweile geändert. Meist müssen relativ junge Reittiere geschlachtet werden, die sich zum Beispiel schwer verletzt haben. Manchmal – und das ist für den einen oder anderen schwer zu verdauen – sind auch Fohlen darunter.

Für den original Rheinischen Sauerbraten verwendet man traditionell Pferdefleisch. Häufig wird es allerdings heute durch Rind ersetzt.

DIE BESTEN KLINGEN DER WELT

Made in Solingen

Wer aus Raum 14 tritt, hat das Schlimmste hinter sich. Er hat sich keine schmückenden Dolche oder verzierten Degen und auch keine Designer-Bestecke angeguckt, wie es sie in großer Zahl im Klingenmuseum gibt. Nein, er hat dahin geguckt, wo es wehtut. Oder besser gesagt: Er hat sich das angeguckt, was mal ziemlich wehgetan haben muss. Denn Raum 14 zeigt unter anderem medizinische Werkzeuge ›made in Solingen‹ – zum Abtrennen von Gliedmaßen oder zum Öffnen des Schädels.

Heute wirkt die Geschichte der Operationen auf uns besonders gruselig: Seit der Antike führten Ärzte chirurgische Eingriffe aus, vor allem Amputationen und Schädelöffnungen (im Fachjargon Trepanationen). Bis gegen 1850 geschah das alles ohne Betäubung und ohne keimfreie Instrumente. So war oft die Ohnmacht des Patienten eine gnädige Schmerzbetäubung.

Das Deutsche Klingenmuseum in der ehemaligen Abtei zu Gräfrath zeigt eine Vielzahl kunstvoller Messer und gefährlicher Waffen aus vielen Jahrhunderten. Anhand von Klingen wird Geschichte erlebbar. Und besonders Solinger Geschichte, die mit den rechtlich geschützten Produkten der Stadt eng verbunden ist.

Schon im späten Mittelalter und in der frühen Neuzeit gründete sich der Ruf der Stadt hoch über der Wupper auf Schwerter und Degenklingen mit der Herkunftsbezeichnung ›Me fecit Solingen‹. Der erste urkundliche Nachweis über eine Klingenfertigung stammt aus dem Jahr 1363. Die günstigen Produktionsbedingungen an den bergischen Wasserläufen und die Nähe zur Handelsstadt Köln waren entscheidende Standortvorteile von Solingen. Schmuckdegen aus den Werkstätten eines Clemens Horn oder Peter Wirsberg gehörten im 16. Jahrhundert zu den Präsenten, die europäische Fürsten einander schenkten. Viel Blut wurde auf dem ganzen Kontinent vergossen, weil Solinger Klingen ihr Werk verrichteten. Gerade während des Dreißigjährigen Kriegs erlebte die Produktion einen Aufschwung. Qualität setzte sich eben durch.

Auch Otto von Bismarck, der erste Reichskanzler, bekam Ende des 19. Jahrhunderts einen ›Ehrendegen‹ aus der ›dankbaren Waffenstadt Solingen‹. In der Inschrift heißt es: ›Du schlugst um Alldeutschland ein ehernes Band. Willkommen, du Reichsschmied, im Bergischen Land.‹ Auch heute noch prägt die Branche die Wirtschaft in Solingen. Neben großen Messerherstellern wie Zwilling, Wüsthof und Böker haben vor allem kleinere Betriebe mit unter 50 Mitarbeitern ihren Sitz in Solingen. Einige Fabriken und Manufakturen bieten einen Werksverkauf an.

Ein bisschen sperrig hört sich die gar nicht so alte ›Solingenverordnung‹ schon an, die einen Erlass aus der Nazizeit ablöste. So wie sich solche rechtlichen Texte eben anhören. Das Bundesjustizministerium war daran beteiligt und das Ministerium für Wirtschaft, das für Ernährung, Landwirtschaft und Forsten und auch das für Gesundheit. In Paragraf 2 legte es im Jahr 1994 fest: ›Der Name Solingen darf im geschäftlichen Verkehr nur für solche Schneidwaren benutzt werden, die in allen wesentlichen Herstellungsstufen innerhalb des Solinger Industriegebiets bearbeitet und fertiggestellt worden sind und nach Rohstoff und Bearbeitung geeignet sind, ihren arteigenen Verwendungszweck zu erfüllen.‹ Mit dem Industriegebiet sind die Stadt Solingen und die westliche Nachbarstadt Haan gemeint.

Das weltweit bekannte Qualitätskennzeichen ›Made in Solingen‹ gilt nicht nur für Scheren, Messer und Klingen, sondern unter anderem auch für Zigarrenabschneider und Brieföffner, für Tortenheber und Gebäckzangen, für Nagelknipser und ›blanke Waffen aller Art‹, wie es in der ›Solingenverordnung‹ heißt. Auf Letzterem vor allem beruht der jahrhundertealte Ruhm der extrascharfen bergischen Produkte.

DIE SCHÖNSTE ART, NACH SCHLOSS BURG ZU GELANGEN – PER SEILBAHN.

SEILBAHN BURG /// HASENCLEVERSTRASSE 2 /// 42659 SOLINGEN-UNTERBURG /// 02 12 / 4 22 64 /// WWW.SEILBAHN-BURG.DE ///

GEMÜTLICH ÜBER DIE WUPPER

Solingen – Seilbahn

8

Es gibt zahlreiche Erklärungen für die Redewendung ›über die Wupper gehen‹, die gleichbedeutend mit dem todbringenden biblischen ›über den Jordan gehen‹ ist. Eine besagt, dass Straftäter, die in Elberfeld zum Tode verurteilt wurden, über die Wupper zur Richtstätte gehen mussten. Eine andere hat ihren Ursprung ebenfalls in Elberfeld. Danach gingen Kaufleute über die Wupper zur Gerichtsinsel, wenn sie Konkurs anmelden mussten. Angenehm war's jedenfalls nie.

Wer sich im Solinger Stadtteil Unterburg auf den Weg über die Wupper machen will, kann ganz unspektakulär die Brücke nehmen. Oder er setzt sich in die altertümliche Seilbahn, lässt die Beine baumeln und zockelt gemächlich zunächst über den Fluss und dann hinauf nach Schloss Burg. Das Transportmittel ist etwas aus der Zeit gefallen. Doch gerade das macht die Tour so reizvoll. Rund 90 Meter Höhenunterschied überwindet die Bahn, sechs Minuten beträgt die Fahrzeit.

Im Oktober 1951 beschlossen der Remscheider Fabrikant Erwin Backhaus senior und seine Söhne Erwin und Dieter den Bau der Bahn zwischen den Ortsteilen Unter- und Oberburg. Auf Reisen in den Schwarzwald und nach Österreich hatten sie sich inspirieren lassen. Im Mai des Folgejahres eröffnete der Sessellift als erste Personenseilbahn in Nordrhein-Westfalen. Und schon 1953 zählten die Betreiber den Fahrgast Nummer eine Million.

Der Werbetext in den Anfangsjahren kam in Reimform daher: ›Weit in die Täler schweift der Blick, / behaglich lehnt man sich zurück, / genießt das Bild im sanften Schweben / und lässt sich in den Himmel heben. / Ob alt, ob jung, ob klein, ob groß, / ein jeder findet es famos.‹

Seit 2012 nimmt die Bahn auch Fahrräder mit. Die Mountainbiker, die in großer Zahl in den Wupperbergen und an der benachbarten Sengbachtalsperre unterwegs sind, danken es.

Auf Schloss Burg lohnt sich besonders der Besuch beim Bürstenmacher Zagermann. Im Programm: Besen und Bürsten für den Haushalt und für die Körperpflege.

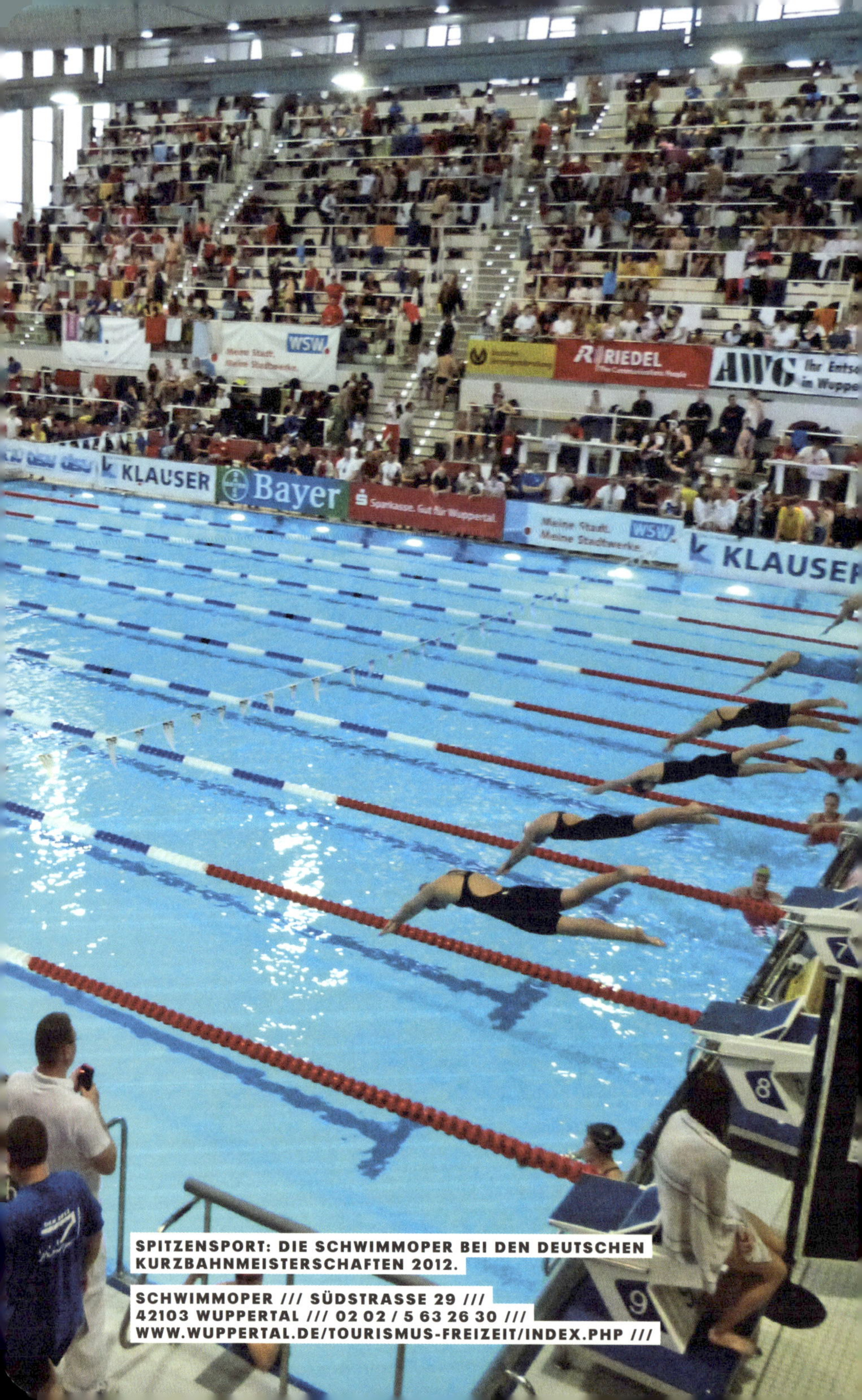

SPITZENSPORT: DIE SCHWIMMOPER BEI DEN DEUTSCHEN KURZBAHNMEISTERSCHAFTEN 2012.

SCHWIMMOPER /// SÜDSTRASSE 29 /// 42103 WUPPERTAL /// 02 02 / 5 63 26 30 /// WWW.WUPPERTAL.DE/TOURISMUS-FREIZEIT/INDEX.PHP ///

NUR DER HELDEN-TENOR FEHLT IN DIESER OPER

Wuppertal – Schwimmoper

9

Der Glanz der großen, weiten Kulturwelt fällt hin und wieder auf Wuppertal. Wenn etwa Tom Tykwer, der große Regisseur und Sohn der Stadt, etwas Neues zu bieten hat. Oder wenn Pina Bausch gewürdigt wird, die verstorbene Leiterin des Tanztheaters. Wie in jener Oscar-Nacht, als sich rund 600 Wuppertaler in der Schwimmoper versammelt hatten, um die Preisvergabe im fernen Kalifornien zu verfolgen.

Doch Wim Wenders' ›Pina‹ ging leer aus, als die begehrtesten Auszeichnungen der Filmwelt verliehen wurden. Ein rauschendes Fest erlebte das einzigartige Hallenbad oberhalb des Elberfelder Zentrums aber doch. Die Schwimmoper erstrahlte in blauem Glanz, und die Bilder aus Hollywood spiegelten sich auf dem Wasser. Das Ensemble des Tanztheaters und die Gäste feierten.

Doch auch wenn es um ihre eigentliche Bestimmung geht, ist die Schwimmoper eine erstklassige Adresse. Seit der Wiedereröffnung nach einer aufwendigen Renovierung im Jahr 2010 finden die Deutschen Kurzbahnmeisterschaften immer im November hier statt. Britta Steffen, die Doppel-Olympiasiegerin von Peking, war regelmäßiger Gast im Bergischen.

Ihren Namen erhielt die Schwimmoper im Zuge von Diskussionen nach dem Krieg. Es ging darum, ob das zerstörte Opernhaus in Barmen wiederaufgebaut oder auf dem Elberfelder Johannisberg – dem heutigen Standort der Schwimmoper – ein neues Opernhaus für Wuppertal errichtet werden solle. Das Ergebnis: weder Barmen noch Elberfeld bekam die Oper, stattdessen entstand das Schwimmbad.

Die geschwungenen Formen, die Glasfassaden und die von außen sichtbaren, steil aufragenden Zuschauertribünen sind Charakteristika des Stadtbades. Die Schwimmoper gilt als ein wesentlicher Bestandteil der Wuppertaler Architekturgeschichte. Nur gesungen wird dort selten.

Neben seinen Sport-, Lehr- und Kleinkinderschwimmbecken bietet die Schwimmoper auch einen umfangreichen Saunabereich und einen Kraftraum.

Käshammer
Gelper-Hof
W-Elberfeld
WICKÜLER
WICKÜLER
PILS
Zillertal
Sterngolf
Remscheid
WICKÜLER
PILS
WICKÜLER
HAUS ZILLERTAL /// ZILLERTAL 1 /// 42349 WUPPERTAL-CRONENBERG ///
02 02 / 40 28 29 /// WWW.HAUS-ZILLERTAL.DE ///

SCHÖNE GRÜSSE NACH TIROL

Wuppertal/Remscheid – Zillertal

10

Ein Paar Sprungskier steht neben dem Trampelpfad, der hinauf nach Wuppertal-Cronenberg führt. Der Skiclub Cronenberg hat sie dort eingepflanzt. Als Erinnerung an eine kleine Sprungschanze. Und als Gruß an die Berge, an die Alpen, an Tirol, ans 700 Kilometer entfernte Hochgebirge. So muss es jedenfalls wirken auf einem bergischen Flecken, der den Namen Zillertal trägt.

Der Skisport ist im bergischen Zillertal etwas unterrepräsentiert. Als Revier für Wanderer und Mountainbiker, die in warmen Sommern in schattigen, kühlen Bachtälern unterwegs sind, ist es mit dem sich anschließenden Ausflugsgebiet Gelpetal und Saalbachtal aber ideal.

In früheren Jahrhunderten diente die Gegend weniger der Erholung als dem Broterwerb. In dem Gebiet, das die Wuppertaler Stadtteile Cronenberg, Ronsdorf und Elberfeld von Lüttringhausen trennt, gibt es noch Zeugnisse der traditionellen Arbeit in diesem Teil des Bergischen Landes. Ein paar Reste von Schleifkotten und Hammerwerken finden sich hier, und Teiche, in denen das Wasser für die Metallverarbeitung gestaut wurde.

Die Bäche, die zur Wupper fließen, boten ideale Standortbedingungen. Sie führten sommers wie winters die richtige Menge Wasser und lieferten damit – vor dem Industriezeitalter der Dampfmaschine – die für die Metallverarbeitung erforderliche Energie. Bis ins 16. Jahrhundert reicht die Geschichte dieses Wirtschaftszweigs in der Region zurück. Ein Industrie-Geschichtspfad erzählt im Zillertal und im Gelpetal auf Schautafeln von dieser Zeit.

Über die Menschen, die über Jahrhunderte hier arbeiteten, heißt es auf einer dieser Tafeln: ›Der ursprüngliche Menschenschlag dieser wenig fruchtbaren und von Tälern zerfurchten Landschaft war zupackend, beweglich und ausdauernd.‹ Welcher Bergische fühlt sich nicht geschmeichelt, wenn ihm solche Charaktereigenschaften zugeschrieben werden?

Das Haus Zillertal bietet sonntags einen vielfältigen Familien-Brunch. Es empfiehlt sich, erst zu wandern und dann einzukehren und zu schlemmen.

›DANCING COLUMN‹, TANZENDE SÄULE, HEISST DIESE SKULPTUR TONY CRAGGS.

SKULPTURENPARK WALDFRIEDEN /// HIRSCHSTRASSE 12 ///
42285 WUPPERTAL /// 02 02 / 47 89 81 20 ///
WWW.SKULPTURENPARK-WALDFRIEDEN.DE ///

HOHE KUNST AM STEILEN BERG

Wuppertal – Skulpturenpark Waldfrieden

11

Gerade noch prasselte ein Sommerguss herab. Die Besucher fanden Schutz in der gläsernen Ausstellungshalle. Jetzt trauen sie sich wieder heraus. Es tropft von den Blättern in Jackenkragen und auf Kameras, die versuchen, das Tropfenmuster auf dem dunklen Stein einer gigantischen Skulptur einzufangen. Dann brechen Sonnenstrahlen durch die Wolken, bahnen sich den Weg durch dichtes Blätterwerk. Und plötzlich wird aus dem eben noch düsteren Wald ein strahlendes, glitzerndes, dampfendes Stück Natur. Ein magischer Ort.

Waldfrieden heißt dieser Ort. Der Name ist Programm. In dem 15 Hektar großen Parkgelände, das gerade um ein Waldstück von fünf Hektar erweitert wurde, mit einem wunderbaren alten Baumbestand aus Buchen, Eichen, Kastanien oder Lärchen, findet der Besucher Ruhe und Vergessen. Doch wäre der Skulpturenpark Waldfrieden in Wuppertal nichts ohne die Werke großer Bildhauer, die sich teils über fünf Meter hoch in den Himmel recken. Sie gehen eine faszinierende Verbindung mit der Natur ein. Die Skulpturen müssen nicht gefallen, der Betrachter muss sie nicht verstehen. Doch hier, in diesem Park, wirken sie einfach nur schön.

Tony Cragg, der Bildhauer aus Liverpool, hat diesen Ort geschaffen. Seit über 35 Jahren lebt und arbeitet Cragg in Wuppertal. Auf den damals verwilderten Park und die Villa Waldfrieden des Unternehmers Kurt Herberts stieß er erst spät. Er kaufte sie 2006 und machte daraus einen unverwechselbaren Ort, an dem er nicht nur seine Kunst präsentiert, sondern auch Wechselausstellungen zeitgenössischer Künstler und Dauerleihgaben anderer bedeutender Bildhauer der Moderne. Es ist ein anstrengender Weg hinauf in den Park. Wer sich aufmacht, darf sich auf seltenes Erleben von Kunst und Natur in Einklang und Wettstreit freuen.

☞ Tony Cragg, 1949 in Liverpool geboren, ist ein vielfach ausgezeichneter Bildhauer. Von 2009 bis 2013 war er Rektor der Düsseldorfer Kunstakademie.

WUPPERTALER WISSENSCHAFTLER FÜR KLIMA UND GESUNDHEIT

Bergisch forschen

Wer die Worte ›Klima‹ und ›Bergisches Land‹ zusammenbringt, denkt vielleicht zuerst an einen alten Scherz der Region: Die Kinder im Bergischen Land werden bereits mit einem Regenschirm geboren – den brauchen sie hier ständig. Wer aber genauer hinschaut, landet schnell bei einer Institution, die seit 1991 für ernsthafte und führende Klimaforschung steht: das Wuppertal Institut.

Es heißt mit vollem Namen ›Wuppertal Institut für Klima, Umwelt, Energie‹ und wurde auf Initiative des Landes Nordrhein-Westfalen – in Person von Ministerpräsident Johannes Rau, einem der bekanntesten Wuppertaler – gegründet und zunächst auch vollständig vom Land finanziert. Heute steuert NRW nur noch eine Sockelfinanzierung bei, der Großteil des Geldes kommt von externen Auftraggebern.

Der Name gibt das Programm vor. Doch Gründungspräsident Ernst Ulrich von Weizsäcker und seine Mitstreiter galten Anfang der 90er zunächst als ›nett, aber ein bisschen spinnert‹, so beschrieb es eine deutsche Zeitung einmal. Sie wollten gegen den ungezügelten Konsum und Verbrauch von Rohstoffen ankämpfen – ohne dass die Menschen auf einen guten Lebensstandard verzichten müssen. Effizienz und Nachhaltigkeit sind die Schlagworte der Denk- und Vorgehensweise der Wuppertaler Forscher, ›doppelter Wohlstand – halbierter Naturverbrauch‹ ist die Kurzformel des von Weizsäckerschen Ansatzes. Den Effekt dieser These beschreibt das Institut selbst so: ›Der neue Denkansatz veränderte die Weltsicht und leitete einen Paradigmenwechsel ein. Verbanden die meisten Menschen Umweltschutz bis dato ausschließlich mit Verzicht und Einschränkung, so weitete das Wuppertal Institut den Blickwinkel und lenkte die Aufmerksamkeit auf den effizienten Umgang mit Ressourcen.‹

Die Strategien, Gutachten und Erkenntnisse des Instituts finden heute international Gehör. Sie legen Grundlagen für Prozesse des Wandels. Die Mitarbeiter beraten die Politiker in Bund

und Ländern. »Wir sind mit unseren Themen in der Mitte der Gesellschaft angekommen«, sagte Präsident Uwe Schneidewind zum 20-jährigen Bestehen.

Das Wuppertal Institut ist eine Einrichtung, die bergischen Forschergeist hinaus in die Welt trägt. Eine andere heißt Bayer. Auch wenn die Zentrale des Chemie- und Pharmakonzerns seit 1912 in Leverkusen liegt, war Wuppertal sein erster Standort – 2013 wurde das 150-jährige Bestehen groß gefeiert. In der damaligen Textil- und Färberstadt Wuppertal hatte Friedrich Bayer einen Weg gefunden, den blauen Farbstoff Fuchsin synthetisch herzustellen – und produzierte ihn ab dem 1. August 1863 in einer eigenen Firma.

Inzwischen ist Wuppertal ein reiner Pharmastandort. Die Mitarbeiter des Teilkonzerns ›Bayer Health Care‹ forschen vor allem im Bereich der Herz-Kreislauf-Erkrankungen, entwickeln und produzieren Wirkstoffe.

Bergische Forschung beginnt in Wuppertal übrigens schon im Kindesalter. Die Junior Uni ist die einzige Bildungseinrichtung dieser Art in Deutschland: Dozenten aus Wirtschaft, Wissenschaft und Schule vermitteln seit dem Jahr 2008 Kindern und Jugendlichen zwischen vier und 18 Jahren Inhalte vor allem aus Naturwissenschaften und Technik. Kindergartenkindern bringt der Hase Augustin die Elektrizität näher, Jugendliche lernen Anatomie beim Sezieren von Regenwürmern oder beschäftigen sich mit der Datensicherheit am Computer. Die Studenten müssen keine reichen Eltern haben, um die Kurse zu besuchen – die Teilnahme an dem privat finanzierten Projekt wird Kindern aus allen Schichten ermöglicht.

Oberbürgermeister Peter Jung ist stolz auf dieses Projekt seiner Stadt: »Für mich gehört die Junior Uni ins Guinness-Buch der Rekorde. Ich kenne kein anderes Projekt, das so schnell umgesetzt wurde, so schnell gewachsen ist und so viele junge Leute begeistert wie die Junior Uni.«

ZOO WUPPERTAL /// HUBERTUSALLEE 30 /// 42117 WUPPERTAL ///
02 02 / 5 63 36 00 /// WWW.ZOO-WUPPERTAL.DE ///

WO AUF DEM BERG DER LÖWE BRÜLLT

Wuppertal – Zoo

12

In Wuppertal ist die Savanne grün. Und wer den König der Tiere dort finden möchte, muss hoch hinauf. Die Löwenanlage des Wuppertaler Zoos liegt am oberen Ende des Tierparks, der in den Hang gebaut ist. Das Gelände ist so groß, dass sich die acht Löwen dort auch schon mal vor neugierigen Blicken verstecken können. Doch vom Besucherturm sind sie meistens zu entdecken.

Mit verwitterten Felsen und viel Wiese hat der Zoo 2007 eine Landschaft für die Löwen geschaffen, die an die afrikanische Savanne erinnern soll. Einen Hektar umfasst die Fläche des Wuppertaler Löwengeheges. Damit ist es das größte, das je in einem deutschen Zoo gebaut wurde. Trotz der Weitläufigkeit können die Besucher den Tieren nahekommen. In der Besucherhöhle trennt nur eine Panzerglasscheibe Mensch und Tier. Das ist faszinierend – und auch ein bisschen unheimlich, wenn drei männliche Löwen kurz vor der Fütterung aufgeregt brüllend direkt hinter dieser Scheibe entlanglaufen.

Nur einen Steinwurf von Afrika entfernt liegt in Wuppertal Sibirien: Auch das Tigertal wurde mit der Zooerweiterung 2007 gebaut. Hier finden sich Felsen, Wald und ein Wassergraben. Es braucht nicht viel Glück, um die Sibirischen Tiger dort beim Schwimmen zu beobachten. Weil Tiger nachtaktiv sind, machen sie tagsüber gern ein Nickerchen – und bleiben trotzdem wachsam. Hanna war noch ein Kindergartenkind, als sie beim Zoobesuch vorwitzig an einer Gitterplatte klopfte, hinter der einer der Tiger lag. Das Fauchen, mit dem er hochschreckte, ließ nicht nur Hanna einen Riesensatz machen. »Ich hab' den Tiger geweckt« – das fand sie so aufregend, dass sie davon nur flüsternd erzählen konnte.

Eine besondere Attraktion im Tigertal ist der Nachwuchs. 2010 gab's zum ersten Mal ein Tigerbaby in Wuppertal. 2012 kam ein Quartett zur Welt – und machte dem Eisbärmädchen Anori in der Gunst der Besucher echte Konkurrenz.

Der Zoo ist das ganze Jahr über geöffnet. Besondere Einblicke bieten Führungen – etwa am Abend, wenn die Tiere schlafen gehen, oder hinter die Kulissen.

VON DEN POLEN ADOPTIERT

Steffen Möller

3/11

Michael Völker ist für den Kulturbetrieb im Leichlinger Rathaus zuständig. Reichlich zerknirscht und kleinlaut rief er ein paar Tage vor dem geplanten Auftritt bei Steffen Möller an. »Ich glaube, wir müssen den Termin absagen«, sagte Völker. Er hatte kaum Karten für den Auftritt des Kabarettisten verkauft. Dabei sollte er in Leichlingen, nur 20 Kilometer von Möllers Geburtsort Wuppertal entfernt, ein Heimspiel vor vollen Aula-Rängen bekommen. »Machen Sie sich keine Sorgen, Herr Völker«, sagte Möller. Er kennt eben seine Polen. Die entscheiden sich erst kurzfristig, was sie am Abend machen. Und so fand sich dann doch eine große und vor allem interessante Schar aus Original-Bergischen und Polen mit bergischer Wahlheimat zu Möllers Show ›Expedition zu den Polen‹ ein.

Darin erzählt er – kabarettistisch zugespitzt natürlich –, über seine Erfahrungen als Einwanderer aus Deutschland. Mit der seltsamen Sprache, mit dem mehr als reichhaltigen Essen – und mit dem Fernsehen. Denn dort ist Möller ein Star, seit er sieben Jahre lang die Rolle des dreimal verheirateten deutschen Kartoffelbauern Stefan Müller in der Telenovela ›M jak Miłość‹ (L wie Liebe) spielte. Als Comedian und Kabarettist ist Möller ein Star jenseits der Oder. Seinen Auftritt als Gastgeber in der polnischen Variante von ›Wetten, dass …?‹ bezeichnet er allerdings als »Totalflop«.

Doch wie geriet der Wuppertaler nach Polen? 1993 machte er einen zweiwöchigen Schnupperkursus Polnisch in Krakau. Im Oktober 1994 emigrierte er endgültig nach Warschau. Fortan arbeitete er sieben Jahre lang als Deutschlehrer. »Und in den Abendstunden übte ich die Aussprache des polnischen Zungenbrechers ›W Szczebrzeszynie chrząszcz brzmi w trzcinie.‹ (In Szczebrzeszyn zirpt ein Käfer im Schilf).«

Die deutsche Version von Möllers Buch ›Viva Polonia‹ stand 45 Wochen auf der Spiegel-Bestsellerliste. Der Folgeband heißt ›Expedition zu den Polen‹.

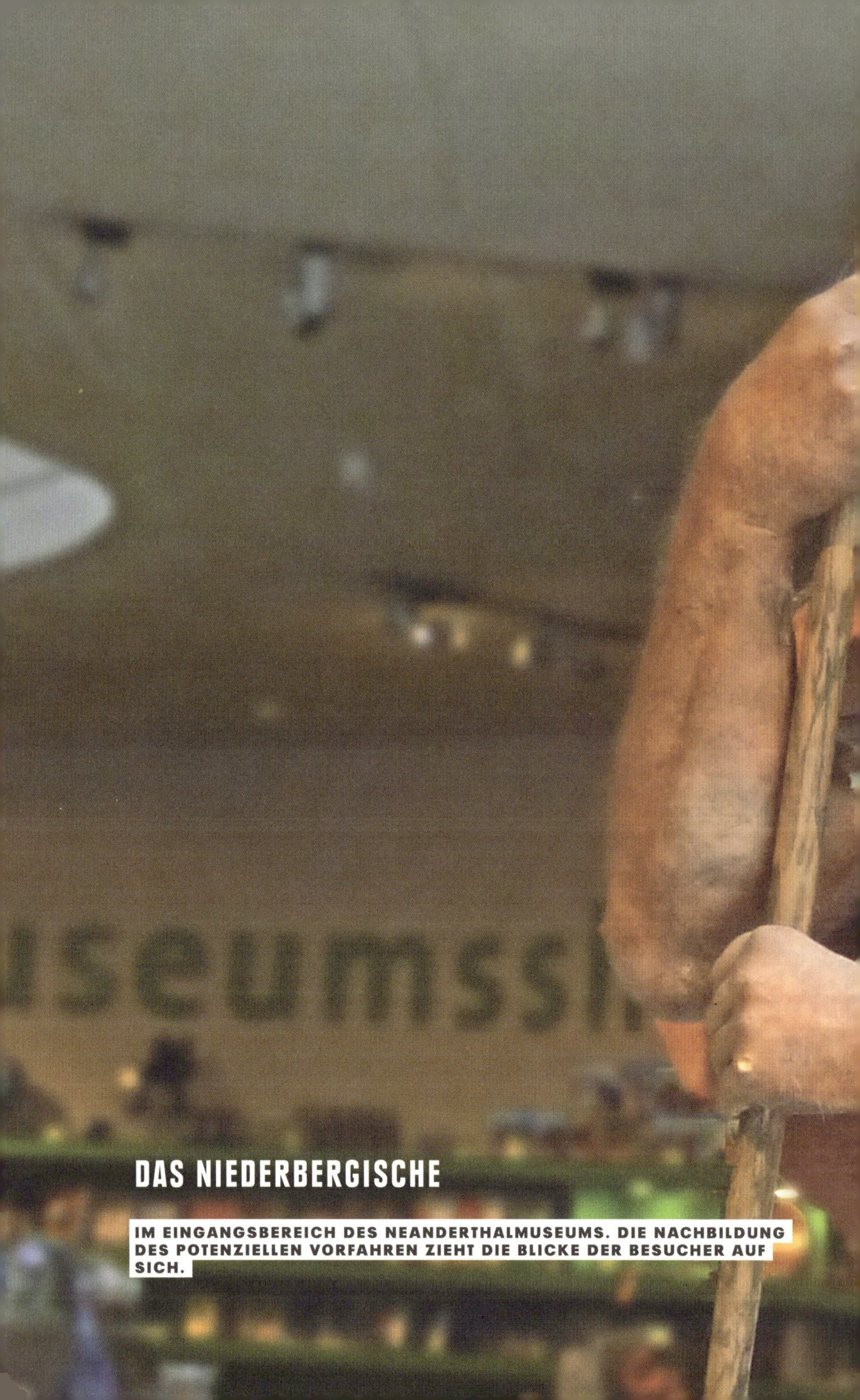

DAS NIEDERBERGISCHE

IM EINGANGSBEREICH DES NEANDERTHALMUSEUMS. DIE NACHBILDUNG DES POTENZIELLEN VORFAHREN ZIEHT DIE BLICKE DER BESUCHER AUF SICH.

AUTOSKULPTURENPARK /// NEANDERTAL 2 /// 40699 ERKRATH ///
02 11 / 32 28 09 /// WWW.MICHAELFROEHLICH.COM ///

DIE AUTOS STEH'N IM WALDE

Erkrath – Autoskulpturenpark

13

Bitte nicht stören! Am späten Sonntagvormittag hat Michael Fröhlich keine Zeit für Besucher. Dann sitzt er mit seiner Frau beim Frühstück im Freien. Dabei schauen sie ›Die Sendung mit der Maus‹ auf zwei Bildschirmen, die über dem Gartenteich angebracht sind. Jeden Sonntag machen sie das – falls das Wetter es zulässt. »Das ist unser Ritual«, sagt Fröhlich, der seinem Nachnamen alle Ehre macht.

Auf dem Teich dümpelt ein weißes Boot. Kein Spielzeugboot, sondern ein Originalschiffchen, das zweimal gesunken war. Das Boot gehört zu Fröhlichs Sammlung von 50 Fahrzeugen aus dem Jahr 1950, seinem Geburtsjahr. Auch Motorräder, Traktoren und demnächst womöglich ein Doppeldecker-Flugzeug stehen in diesem einzigartigen Skulpturenpark. Doch mehrheitlich handelt es sich um Autos. Mindestens eins von jedem Kontinent besitzt er.

Sie stehen – mit Genehmigung der Wasserbehörde – auf einem Waldgrundstück im Neandertal unweit der berühmten Fundstelle des Urzeitmenschen und des fabelhaften Museums, das die Geschichte der Menschheit anschaulich macht. Auf Anfrage öffnet Fröhlich, der die Wochenenden seit rund 30 Jahren auf diesem Grundstück verbringt, das Tor des umzäunten Geländes und zeigt Besuchern seine Schätze. Kunststudenten besuchen ihn und Fotoklubs. Götz George hat hier schon Sequenzen für einen Tatort gedreht, auch B-Produktionen fur Hollywood sind schon in Erkrath entstanden.

Fröhlich, der beruflich historische Autos restauriert und handelt, lässt die alten Schätze verrotten. Moos überzieht amerikanische Straßenkreuzer, Pflanzen arbeiten sich durch die weniger robusten Bauteile von Wagen aus DDR-Produktion. »Ich zeige, dass Menschenwerk vergänglich ist«, sagt Fröhlich, »die Natur vernichtet Menschenwerk – langsam, aber stetig.«

Das Tal heißt Neandertal ohne ›h‹. In Erinnerung an den Fund des ›Neanderthalers‹ werden aber Museum und S-Bahn-Haltestelle mit ›h‹ geschrieben.

DER NEANDERTALER

Robust und intelligent – bergisch eben

Falsche Bescheidenheit kennt die Stiftung nicht, die das Museum trägt. Ihr Haus nennt sie in ihren Schriften ›eines der beliebtesten und modernsten Museen Europas‹ oder ›Museum von Weltruhm‹. Und die Person, die dort im Mittelpunkt steht, bezeichnet sie selbstverständlich als ›den berühmtesten Deutschen‹.

Es geht nicht um Goethe oder Luther, es geht um den Neandertaler. Man könnte auch sagen: Es geht um 16 olle Knochen, die Arbeiter im Jahr 1856 in einem Kalksteinbruch fanden. Die Fundstelle, die dieses unschätzbar wertvolle Zeugnis der Menschheitsgeschichte zufällig preisgab, liegt heute in einer Parkanlage an der Düssel und ist mit rot-weißen Stäben markiert. Knapp einen halben Kilometer entfernt steht das Museum, das dem ›Homo sapiens neanderthalensis‹, wie er wissenschaftlich korrekt bezeichnet wird, gewidmet ist. Es gilt als Stolz der niederbergischen Region, die sich heute sogar als ›Neanderland‹ bezeichnet und deren Sender Radio Neandertal heißt.

Es ist bis heute nicht ganz klar, ob der Neandertaler in unserem Stammbaum, in dem des modernen Menschen, vorkommt oder ob seine Gattung komplett ausstarb. Ein paar vorzügliche Eigenschaften werden ihm zugeschrieben, sodass das Bergische Land stolz auf ihn sein kann. Als besonders robust wird er von den Forschern beschrieben, stark wie ein Bär und dabei so intelligent, dass er etwa die Entwicklung von Werkzeugen erstaunlich schnell voranbrachte. Vielleicht darf man ihn deshalb sogar als den wahren Ahnherren der im Bergischen bis heute bedeutenden Werkzeugindustrie bezeichnen. Der Neandertaler konnte wohl ganz passabel sprechen, er nutzte das Feuer, und er gilt als der erste Vertreter in der Geschichte der Menschheit, der seine Toten ordentlich bestattete. Und wer ihn als lebensgroße, sonnengebräunte und lächelnde Figur im Foyer des Museums sieht, muss denken: Och ja, ein netter Kerl!

Ausgerechnet seine Vorzüge könnten sich in der Evolution als Nachteil erwiesen haben. Weil er so robust war, brauchte er besonders viel Nahrung. Die Muskelmasse wollte versorgt sein. Und auch das Gehirn, das ungefähr so groß wie unseres war, verlangte ständig nach

Kalorienzufuhr. Die Lebensbedingungen – nicht nur im eigentlichen Neandertal zwischen Mettmann und Erkrath – wurden allerdings ungünstiger, als sich die Eiszeit über Europa hermachte. Die Nahrungssituation verschlechterte sich dramatisch. Und der Neandertaler verschwand vor rund 30.000 Jahren grußlos von der Bildfläche.

Auch andernorts in Europa und Asien fanden Forscher Überbleibsel dieser Gattung. Doch die Bezeichnung Neandertaler setzte sich durch. Der Namensgeber hat freilich kein bisschen mit dem Fund zu tun. Und zunächst gab es nicht einmal einen Herrn oder eine Frau Neander. Der Mann, nach dem das Tal benannt ist, trug ursprünglich den unspektakulären Namen Joachim Neumann (1650–1680). Dessen Vater änderte den Nachnamen – einer Mode der Zeit entsprechend – ins Altgriechische. Aus Bremen verschlug es Joachim Neander nach Düsseldorf. Er wurde für nur fünf Jahre Rektor der Lateinschule der reformierten Gemeinde und suchte während dieser Zeit wohl auch das später nach ihm benannte Tal auf. Möglicherweise ließ er sich dort zu seinem bekanntesten Werk inspirieren: dem Kirchenlied ›Lobe den Herren‹.

Besser sollte der Neandertaler ›Fuhlrott-Mensch‹ heißen. Denn der Elberfelder Lehrer Johann Carl Fuhlrott begutachtete die Knochen als Erster und kam zu dem Schluss, dass sie Bestandteil eines menschlichen Skeletts aus der Eiszeit sein mussten. 1877 starb Fuhlrott, ohne je Anerkennung für seine Diagnose bekommen zu haben. Der berühmte Gelehrte Rudolf Virchow lehnte Fuhlrotts Urteil ab und blockierte die Neandertaler-Forschung damit für Jahrzehnte. Auch der Klügste kann sich eben mal irren.

STARTNUMMER 5: QUEELEY, EIN BARSOI, FRÜHER DER NATIONALHUND RUSSLANDS.

WINDHUNDRENNBAHN /// CELSIUSSTRASSE /// 40699 ERKRATH ///
GESCHÄFTSSTELLE: 0 21 63 / 5 71 24 44 ///
WWW.WRV-DUISBURG-HOCHDAHL.DE ///

JA, WO LAUFEN SIE DENN?

Erkrath – Windhundrennbahn

14

Die Tore der Startbox schnellen hoch. Ein Windhund schießt hervor. Er jagt hinter einem Stückchen Stoff her. Ein Motor zieht das Seil, an dem der Fetzen hängt, rund um die Bahn. Eine Runde rennt der Hund und dann noch einmal die Zielgerade. Keine 50 Sekunden dauert die Hatz. Auf dem abschüssigen Teil der Windhundrennbahn erreichen die Hunde bis zu 70 Stundenkilometer.

Hinter der Wohnsiedlung Erkrath-Hochdahl versteckt sich das Terrain des Windhundrennvereins Duisburg/Hochdahl, zwischen Wohnhäusern und Feldern, Waldrand und Tennisplätzen. Hecken säumen die rund 400 Meter lange Bahn. Ein Kampfrichterturm markiert das Ziel, und am oberen Ende der Strecke stehen Wohnwagen.

»Wir machen hier Urlaub«, sagt Joachim Dufek, der Vorsitzende des Vereins. Er wohnt in Wuppertal. Urlaub? In Erkrath? Wer macht schon ein paar Kilometer von daheim Urlaub? »Wir fühlen uns hier wohl«, sagt Dufek, »und wir können die ganze Zeit ungestört mit unseren Hunden verbringen.« Wie ihm geht es den anderen Mitgliedern des Vereins. Sie kommen aus dem ganzen Rheinland. Hier in der Abgeschiedenheit am Rande des Bergischen Landes haben sie ihr kleines Paradies gefunden.

Ursprünglich war der Verein in Duisburg angesiedelt. Doch dann hörten ein paar Vereinsmitglieder von diesem Gelände in Hochdahl. Eine reiche Dame aus Düsseldorf ließ sich mit ihren Whippets einmal die Woche von ihrem Chauffeur zur Bahn bringen, damit sich die Hunde dort austoben konnten. Der Verein machte ihr den Vorschlag, dorthin umzusiedeln und die aufwendige Pflege des Areals zu übernehmen. Die feine Düsseldorferin willigte ein.

Und wer heute fragt, »Ja, wo laufen sie denn?«, bekommt auch für viele Erkrather eine überraschende Antwort. »Da hinten laufen sie, am Ende der Celsiusstraße.« Allerdings nur zum Training. Wettkämpfe finden in Erkrath nicht statt.

Einmal im Jahr finden Jederhundrennen statt. Dann können Herrchen und Frauchen mal sehen, wie sich ihre ehrgeizigen Hunde im Wettkampf schlagen.

EIN WAGEN VOLLER KOFFER SORGT FÜR BAHNSTEIG-ATMOSPHÄRE.

MUSEUM LOKSCHUPPEN /// ZIEGELEIWEG 1 – 3 /// 40699 ERKRATH /// 0 21 04 / 4 77 63 /// WWW.LOKSCHUPPEN-HOCHDAHL.DE ///

EIN TICKET IN DIE VERGANGENHEIT

Erkrath-Hochdahl – Lokschuppen

15

Im Lokschuppen von Hochdahl zahlen die Besucher keinen Eintritt. Nein, sie lösen eine Fahrkarte am Schalter. Stilecht geht es zu in dem imposanten Raum, der bis in die 90er-Jahre vergessen und verfallen dalag. Heute ist er ein Ort, der Geschichte erzählt – und in dem Musik drin ist. Jeden Sommer feiert die Stadt Erkrath im schönen Ambiente des Lokschuppens ihren Jazzsommer.

Einmal im Monat verwandelt sich die Halle in ein Museum. Dann holen die Ehrenamtler des Vereins ›Eisenbahn- und Heimatmuseum Erkrath-Hochdahl‹ ihre Stellwände hervor, arrangieren Vitrinen voller liebevoll gesammelter Details aus der Welt des Schienenverkehrs, schieben den Wagen mit Koffern neben das Eingangstor und erzählen, wie die Eisenbahn ins Bergische Land kam.

Die Industriellen im bergischen Raum mussten hart kämpfen, bis am 20. Dezember 1838 die erste westdeutsche Eisenbahn ihren Betrieb aufnehmen konnte – zunächst von Düsseldorf bis Erkrath, drei Jahre später bis Elberfeld (heute Wuppertal). Denn auch andere Regionen wollten eine Bahn, um beim Transport ihrer Waren nicht mehr auf die langsamen Pferdefuhrwerke angewiesen zu sein. Und für die Strecke Düsseldorf – Elberfeld ergab sich ein besonderes Problem: der Höhenunterschied zwischen Rheinebene und Bergischem Land.

Knapp 82 Meter mussten auf einer Strecke von 2,5 Kilometern überwunden werden. Die moderat erscheinende Steigung von 3,3 Prozent war für die Lokomotiven damals unüberwindlich. Die Lösung für den einst steilsten Bahnabschnitt Europas war ein Meisterwerk der Ingenieurskunst: eine Seilzuganlage. Sie wurde zunächst mit einer Dampfmaschine betrieben, später mit Hilfe von Umlenkrollen. Dabei zog das Gewicht einer bergab fahrenden Lok den anderen Zug den Berg hoch. Bis 1926 war dieses System im Betrieb – erst dann gab es Lokomotiven, die die Steigung aus eigener Kraft schafften.

Besucher sollten sich die ›Süße VerLOKung‹ nicht entgehen lassen. In dem kleinen Café neben der alten Bahnhofswartehalle wird Selbstgebackenes verkauft.

GRUITEN-DORF /// AM QUALL 12 /// 42781 HAAN /// 0 21 29 / 91 10 /// WWW.HAAN.DE ///

ROSENPRACHT UND KOPFSTEINPFLASTER

Haan – Haus Rosenbaum

16

Die Haustür ist in dunklem bergischem Grün gestrichen. Im Fachwerk kontrastieren die frisch gestrichenen weißen Flächen mit dem Schwarz der Balken. Gruiten-Dorf präsentiert sich an vielen Stellen bergisch wie aus dem Bilderbuch. Und doch bieten ein paar Häuser eine ganz eigene Note.

Beim Haus Rosenbaum ist der Name Programm. Prachtvoll umranken Rosen die Eingangstür. Es war früher keine Seltenheit, dass komplette Hauswände hier bis über das Dach hinaus mit Rosen bewachsen waren. Das Fachwerk lässt das dunkle Grün der Blätter und die bunten Töne der Blüten besonders zur Geltung kommen.

Eine junge Familie hat das mehr als 300 Jahre alte Gebäude an der Prälat-Marschall-Straße zu Beginn des Jahrtausends mit großem Aufwand und Engagement saniert – und wie in allen Zeiten wieder Rosen angepflanzt. Viel Handarbeit und eine enge Abstimmung mit den Denkmalschützern waren erforderlich. Heute darf man sagen: Die Mühe hat sich gelohnt.

Wer auf der vielbefahrenen Bahnstrecke von Köln nach Wuppertal am Bahnhof Gruiten anhält, ahnt freilich nichts von dem ein paar Kilometer nördlich gelegenen malerischen Dorf, das in den vergangenen 20 Jahren mit großer Mühe an vielen Stellen restauriert wurde.

Auf dem Kopfsteinpflaster klappern die Hufe von Pferden. Aus der Kirche klingt die Orgel. Kinder spielen auf dem Dorfanger Fußball, sie müssen dabei aufpassen, dass der Ball nicht in der Düssel landet. Das ›Haus am Quall‹ ist zudem ein beliebter Ort für Hochzeiten – und eine schöne Kulisse für die Erinnerungsfotos.

Das Wappen der Gemeinde Gruiten zeigt als Symbol für den Kalkabbau eine nach links ansteigende natürliche Felswand, neben der rechts eine silberne, aufgerichtete Spitzhacke mit goldenem Stiel schwebt. Mehr als 100 Jahre lang war der Kalkabbau hier der wichtigste Wirtschaftszweig.

Der mit einem Kreis gekennzeichnete Wanderweg ›Rund um Gruiten‹ führt von Gruiten zum Neandertal, über Gruiten-Dorf und Grube 7 zurück (11,6 Kilometer).

WAGGONBRÜCKE /// BAHNHOFSTRASSE /// 42579 HEILIGENHAUS ///
WWW.WAGGONBRUECKE.DE ///
WWW.PANORAMARADWEG-NIEDERBERGBAHN.DE ///

GÜTERWAGGON TRÄGT RADFAHRER

Heiligenhaus – Waggonbrücke

17

Wer über die Radwegbrücke an der Heiligenhauser Bahnhofstraße radelt, kann gar nicht sehen, was er da Ungewöhnliches unter den Füßen, pardon: den Rädern, hat. Dazu müsste er absteigen und sich übers Geländer beugen oder besser noch bei der nächsten Abzweigung einmal hinunter auf die Straße fahren. In Heiligenhaus trägt ein ehemaliger Güterwaggon Radfahrer und Fußgänger.

2009 wurde er auf zwei Pfeiler aufgesetzt, die seit über 40 Jahren keine Brücke mehr getragen hatten. Heiligenhaus rühmt sich seitdem der ›ersten Waggonbrücke Deutschlands‹ – und verzeichnet einen Anstieg von Radfahrern. Denn dank des Lückenschlusses durch die Brücke konnte auf der ehemaligen Trasse der Niederbergbahn, die in den 60er-Jahren stillgelegt wurde, ein Fahrradweg gebaut werden. Der Panoramaradweg Niederbergbahn führt heute über knapp 40 Kilometer von Essen-Kettwig über Heiligenhaus, Velbert und Wülfrath nach Haan.

Der Ingenieur Ulrich Diehl hatte die Idee, einen flachen Güterwagen mit Drehgestell und Rungen – so heißen die seitlichen Haltestangen – in eine Brücke umzufunktionieren. Gewissermaßen im Schlaf überfiel ihn die Vorstellung, so erzählt er – und im Rathaus von Heiligenhaus war man von den Plänen des Ingenieurs aus dem Ruhrgebiet hellauf begeistert.

Der Waggon der Bauart Rgs-w 672, der knapp 20 Meter lang und drei Meter breit ist, wurde von Grund auf umgearbeitet. Er wurde neu lackiert und beschriftet; aus den Rungen wurden Stützen für das Geländer. Die Drehgestelle des Waggons blieben erhalten und dienen nun als Rollenlager. Höchste Präzision war gefragt, um den Waggon mit einem Spezialkran zwischen die beiden Brückenpfeiler zu hieven und einzupassen. Nur zwei Zentimeter Spielraum hatten die Ingenieure. Es passte. Der Erfinder ist zufrieden: »So schön und nützlich kann Recycling sein.«

Abends, wenn es dunkel ist, wird die Waggonbrücke farbig angeleuchtet. Auch das sollten sich Radfahrer und Fußgänger lieber von unten anschauen.

HILDENER HEIDELANDSCHAFT IM ABENDLICHT.

PARKPLATZ HUNDEWIESE SANDBERG ///
ELBERFELDER STRASSE (B 229) /// 40724 HILDEN ///
WWW.BIOSTATION-D-ME.DE ///

AUF DER SUCHE NACH DER LILA BLUME

Hilden – Heide

18

Weiße Birken und lila blühendes Heidekraut – dieses untrennbar zusammengehörende Duo findet man in Hilden hinter einem Zaun. Zu selten und schützenswert ist die Heide zwischen Hilden, Solingen-Ohligs und Langenfeld geworden. Umgeben von weiten Wiesen und Waldstücken mit hoch in den Himmel ragenden Bäumen lässt dieses idyllische Stück Natur die nahen Großstädte leicht vergessen. Und es vermittelt dem Spaziergänger ein Bild davon, wie die Landschaft hier jahrhundertelang ausgesehen haben mag.

Denn die Heide lag einst dem Bergischen Land zu Füßen. Die sandigen Böden entstanden schon vor zwei Millionen Jahren. Zur Heide wurde die Landschaft, als vor etwa 300 Jahren Laubwälder abgeholzt wurden und die Schäfer ihre Herden zum Weiden dorthin brachten. Die Bergische Heideterrasse zog sich noch bis vor 100 Jahren von Duisburg im Norden bis nach Siegburg am Fuße des Siebengebirges im Süden. Ein schmaler Korridor von zwei bis drei Kilometern Breite mit sandigen Böden, Feuchtwiesen und Mooren. Eine Landschaft, in der sich viele heute seltene Pflanzen und Tiere wohlfühlten, die aber im Widerspruch zur Kulturlandschaft stand. Feldwirtschaft fiel den Bauern in dieser Umgebung nicht leicht – und so wurden immer mehr Gebiete trockengelegt und kultiviert.

Erst seit dem vergangenen Jahrzehnt gibt es wieder Bemühungen, die Hildener und Ohligser Heide zu erhalten, zu vergrößern und Besuchern nahe zu bringen.

Die Biologischen Stationen der Region haben über Stadtgrenzen hinweg einen Rad- und drei Wanderwege durch diese Gebiete ausgewiesen. Tafeln am Wegesrand erklären die Natur. Zwischen neun und zwölf Kilometer sind die Wanderungen lang. Wer abkürzen möchte, beschränkt sich auf einen Rundweg auf Hildener Gebiet rund um den Sandberg. Hundefreunde finden hier zudem eine ausgedehnte Freilauffläche für ihre Tiere.

Auf der Homepage der Biologischen Station Haus Bürgel steht der detaillierte Rad- und Wanderführer zum Download zur Verfügung (Stichwort Gebiete).

KOSTÜME VON KINDERPRINZENPAAREN GEHÖREN ZU DEN ATTRAKTIONEN DES KLEINEN MUSEUMS.

HEINRICH-WIMMER-KARNEVALSMUSEUM /// NEUSTRASSE 15 /// 40721 HILDEN /// 01 72 / 5 42 53 77 /// WWW.RHEINISCHES-KARNEVALSMUSEUM.DE ///

HELAU, ALAAF UND WUPPDIKA

Hilden – Karnevalsmuseum

19

Ihr Karneval war den vom rheinischen Brauchtum infizierten Bergischen schon immer einiges wert. Abzulesen ist das an der Getränkekarte einer Sitzung im Hildener Kolpinghaus Anfang der 1970er-Jahre. Eine Flasche Moselwein – 1966er Wehlener Münzlay, Auslese, naturrein, Kellerabzug – kostete stolze 15 Deutsche Mark. Und auch der Rheinwein, der damals in den tollen Tagen gern ausgeschenkt wurde, war nicht günstiger zu haben.

Die Getränkekarte ist ein Schätzchen in dem aus einer privaten Sammlung entstandenen Karnevalsmuseum. Mehr als 30 Jahre lang sammelte Heinrich Wimmer Erinnerungsstücke und brachte es damit auf zwei Eintragungen im Guinness-Buch der Rekorde. Die dem gesamten Kreis Mettmann gewidmete Ausstellung in den ehemaligen Büroräumen einer Spedition ist mehr als eine Sammlung von Orden aus aller Welt und Kostümen aus vielen Jahrzehnten. Sie dokumentiert das regionale Winterbrauchtum lebendig, facettenreich und als Teil der Zeitgeschichte. Das Sommerbrauchtum ist übrigens den Schützen vorbehalten.

Der Fehldruck eines Ordens gehört zu den Kostbarkeiten, auf dem die Düsseldorfer Regentin als ›Venezia‹ statt als ›Venetia‹ bezeichnet wurde. Genau wie der Orden des als Prinz vorgesehenen Rechtsanwalts Jörg Weck, der seine Regentschaft nicht antreten konnte, weil er im Majdanek-Massenmord-Prozess als Pflichtverteidiger herangezogen wurde.

Das Bergische Land präsentiert sich in karnevalistischer Hinsicht sehr heterogen. Der Alaaf-Helau-Äquator, der die Kölner von der Düsseldorfer Einflusssphäre trennt, verläuft durch die Region. Außerdem gibt es noch eine regionale Besonderheit: Die Solinger rufen an den tollen Tagen »Lott jonn«, die Wuppertaler »Wuppdika« und in Velbert wird das Schlagen eines Hammers mit »Tüpp, Tüpp, Helau« nachgemacht.

☞ Das Museum öffnet regelmäßig für Besucher – auf Nachfrage auch ›außer der Reihe‹.

DER ›MR. WAHLEN‹ KOMMT AUS SOLINGEN

Jörg Schönenborn

4/11

Jörg Schönenborn wird häufig auf der Straße angesprochen. Dann erzählen ihm die Menschen, welche Partei sie nie wählen würden oder was sie von der Kanzlerin halten. Die politische Stimmung in Deutschland gehört zu Schönenborns Job. Regelmäßig bringt der Chefredakteur des WDR den Fernsehzuschauern das Ergebnis der Sonntagsfrage (›Wenn am Sonntag Bundestagswahl wäre …‹) ins Haus. An Wahlabenden präsentiert er Hochrechnungen und Analysen.

Eigentlich wollte er Physik studieren. Dass Journalismus und Politik interessanter sind, stellte Schönenborn während der Bundeswehrzeit in Bonn fest. Sein Weg führte zum WDR. Für das Studio Wuppertal machte er eine Serie: Ausflugsziele im Bergischen Land. Sein Lieblingsplatz ist immer noch derselbe: die Gesenkschmiede Hendrichs in seiner Heimatstadt Solingen. Dort bündeln sich für ihn Kindheitserinnerungen. »Das Bergische Land ist für mich kein Ausflugsziel, sondern Heimat«, sagt der Journalist. Solingen ist für die Produktion von Messern und Scheren berühmt. Der Sohn eines Werkzeugmachers hat diese Industrie als Kind hautnah miterlebt. Dass in der Gesenkschmiede ein Teil dieser Industriekultur erhalten ist, freut ihn.

Inzwischen schaut Schönenborn oft aus der Ferne auf das Bergische Land – aus seinem Büro in Köln. Mit seiner Frau lebt er in Hilden. Im Garten kann er genauso gut über Herausforderungen nachdenken wie am Schreibtisch. Nur wenn er kocht, ist für andere Gedanken kein Platz.

»Das, was ich mache, befriedigt mich vollauf«, sagt der Chefredakteur, »ich mache meine Arbeit mit großer Lust.« Neue Erkenntnisse zu gewinnen, treibt ihn an. Die Begegnungen mit interessanten Menschen bereichern – von Merkel bis Putin.

Beim Wählen ist der ›Mr. Wahlen‹ aber nicht im Vorteil. »Mir fällt es von Mal zu Mal schwerer, mein Kreuzchen zu machen. Die Parteien werden sich immer ähnlicher.«

Als Korrespondent berichtete Jörg Schönenborn 1993 über den Brandanschlag von Solingen. Dafür bekam er den Axel-Springer-Preis für Fernsehjournalismus.

DIE GESICHTSZÜGE DER FIGUR VON WILHELM JACOBS WURDEN ANHAND EINES PASSBILDES NACHGEBILDET.

SCHALENSCHNEIDERKOTTEN /// DÜSSELDORFER STRASSE /// 40764 LANGENFELD /// 0 21 73 / 7 94 44 00 /// WWW.LANGENFELD.DE ///

GRIFFE FÜR DIE SOLINGER MESSERINDUSTRIE

Langenfeld – Schalenschneiderkotten

20

Na gut, ganz so fleißig wie zu seinen besten Zeiten ist Wilhelm Jacobs heute nicht mehr. Er sitzt den lieben langen Tag auf seinem Schemel und schaut sich seine Messergriffe an. Wilhelm Jacobs gibt es nur noch als lebensgroße Puppe im Langenfelder Schalenschneiderkotten. Der echte Wilhelm arbeitete rund 60 Stunden pro Woche in seiner Werkstatt. Bis zu 2.000 Messerhefte produzierte er dort jeden Tag.

Das Buchen- und Kirschbaumholz, das er dafür brauchte, holte er mit seinem Fuhrwerk aus dem nahe gelegenen Waldstück. Beim Abladen der Stämme half die kräftige Nachbarschaft. Von seinem Standort Wiescheid aus belieferte er die Solinger Messerindustrie. Er trug seinen Teil dazu bei, dass ›Made in Solingen‹ weltweit zum Qualitätsbegriff wurde.

Bis 1988 hat Jacobs in Wiescheid im Langenfelder Norden diese gewerbliche Heimarbeit betrieben. Er starb im Alter von 90 Jahren und hinterließ die im Laufe der Jahrzehnte ergänzte Originalausstattung seines Kottens. Die Transmissionsriemen und die elektrischen Anlagen hatte er selbst entwickelt. 2008 wurden Teile des Gebäudes als Museum im Volksgarten eröffnet: als Erinnerung an ein untergegangenes Handwerk. Eine Glashülle umgibt die historischen Produktionsanlagen, nachts werden sie eindrucksvoll beleuchtet.

Der Volksgarten an sich ist historischer Grund und Boden. Hier, an der heute viel befahrenen Bundesstraße 8, stand einst die Langenfelder Posthalterei – das goldene Posthorn über dem Bergischen Löwen im Stadtwappen erinnert daran. Die Passagiere der Postkutsche, die von Köln nach Düsseldorf oder in umgekehrter Richtung reisten, konnten sich die Beine vertreten, während neue Pferde angespannt wurden. Neun bis 13 Stunden dauerte die Fahrt zwischen den beiden Metropolen – rund 50 Kilometer voneinander entfernt und in Hassliebe vereint.

☞ Das Kulturelle Forum der Stadt Langenfeld bietet in regelmäßiger Folge einstündige Führungen durch den historischen Schalenschneiderkotten an.

WASSERSKI LANGENFELD /// BAUMBERGER STRASSE 88 ///
40764 LANGENFELD /// 0 21 73 / 39 46 22 22 ///
WWW.WASSERSKI-LANGENFELD.DE ///

SÜDSEE-GEFÜHL NAHE DER AUTOBAHN

Langenfeld – Wasserskianlage

21

Musik liegt in der Luft. Karibische Töne klingen aus den Lautsprechern. Bacardi-Feeling ist angesagt. Lässige Menschen sitzen ganz besonders lässig in Lounge-Möbeln oder auf Stühlen aus verwittertem Holz im Robinson-Crusoe-Stil. An der Bar gibt es bunte Longdrinks und mexikanisches Bier. Durchtrainierte Damen und Herren wandeln barfuß über die Holzplanken. Sehen und gesehen werden heißt das Spiel. Im ›Land's End‹, der Strandbar der Wasserskianlage Langenfeld, herrscht Südsee-Atmosphäre. Und das nur ein paar hundert Meter entfernt von der Autobahn 59, die Düsseldorf und Köln verbindet.

Zum Entspannen (hier sagt man besser ›zum Chillen‹) kommen an warmen Sommertagen viele nach Feierabend hierher. Wenn es auf der Anlage ruhig wird bei Sonnenuntergang, scheint es, als seien die Großstädte und der ganze Ballungsraum weit weg.

Müßiggang ist das eine, doch den meisten geht es genau ums Gegenteil: Action, bitte! Für Wasserskiläufer und Wakeboarder ist Langenfeld seit Jahrzehnten eine erstklassige Adresse. Die Brüder Phillipp und Wilhelm Sühs begannen 1950 auf einem Acker ihrer Mutter Helene mit der Gewinnung von Kies und Sand. Die ausgeschachteten Gruben in der Nähe des Knipprather Waldes füllten sich mit Grundwasser. 1976 legte die Familie Sühs dort die Wasserskianlage an. Fünf Bahnen sind mittlerweile in Betrieb. Hinzu kommen die Strandbar, ein Restaurant, acht Grillplätze und ein Badebereich.

Furchtbar schwer ist Wasserskilaufen zunächst einmal nicht. Nach ein paar Bauchplatschern haben auch Anfänger meistens den Dreh raus. Allerdings gehören neben den Sprüngen über die Hindernisse Stürze auch zum Programm. A propos: Der Fachmann nennt die Stolperfallen ›obstacles‹. Das Publikum mit den Longdrinks und dem mexikanischen Bier will ja schließlich etwas geboten bekommen.

☞ Empfehlenswert ist ein Besuch auch im Spätsommer und im frühen Herbst noch. Das Wasser bleibt relativ lange warm. Der Thermoanzug bietet zudem Schutz.

DIE ATTRAKTION FÜR KINDER UND JUGENDLICHE:
DER SPRUNGFELSEN.

NATURFREIBAD /// IM STADTWALD 1 /// 40822 METTMANN ///
0 21 04 / 23 49 36 /// WWW.METTMANN.DE ///

SCHWIMMBECKEN OHNE CHLORGERUCH

Mettmann – Naturfreibad

22

Morgens um acht ist die Welt noch in Ordnung. Der Bademeister hat die Temperatur mit Schulkreide auf die Tafel am Eingang geschrieben: Luft 23 Grad, Wasser 22,8 Grad. Ein gutes Dutzend Schwimmer zieht im Naturfreibad Mettmann seine Bahnen. In gemächlichem Tempo immer auf und ab, ganz ohne Hast. Schwimmerinnen fachsimpeln. »Hast du von dem Wandratsch gehört?«, fragt eine ihre Mitschwimmerin, »der ist 60 Kilometer durch den Bodensee geschwommen. Vorher hat er sich 20 Kilo Gewicht angefuttert, das ist das Beste.« Die Dame futtert offensichtlich auch gern.

Auf einer Bank sitzt eine Frau im Bikini, genießt die Sonne in der Frühe und liest Zeitung. »Das ist sooo schön, ich bin jeden Morgen begeistert«, sagt sie. Immer wenn es ihr möglich ist – und sich das Wetter nicht allzu garstig zeigt –, geht sie morgens ins Naturfreibad. Die Ruhe, das Wasser, die frische Luft – all das mag sie. Und die Luft ist tatsächlich frischer als in anderen Freibädern. Denn dem Mettmanner Wasser werden keine Chemikalien zugesetzt. Es fehlt deshalb der übliche Chlorgeruch.

In einem geschlossenen Kreislauf wird das verbrauchte Wasser in die biologische Aufbereitungsanlage gepumpt und durchfließt verschiedene Kies-, Sand- und Lavaschichten, bevor es als gereinigtes Wasser über Bodendüsen wieder dem Schwimmbecken zugeführt wird.

Seit Juni 2004 bietet die Kreisstadt diese Art von Sommervergnügen. Inmitten des Stadtwaldes, umringt von einem alten Baumbestand und dem Mettmanner Bach, entstand aus dem alten Freibad ein nach ökologischen Gesichtspunkten konzipiertes Bad. Strandkörbe und Sonnenschirme sorgen für Strandambiente. Auf der 80 Meter langen Rutschbahn und am Sprungturm können sich Kinder und Jugendliche austoben. Ein Sonnensegel schützt die Kleinkinder, die im Sand buddeln oder auf dem Matschspielplatz mit Pumpe experimentieren.

Hape Kerkeling drehte in der Kreisstadt die Satire ›Samba in Mettmann‹. Die Kritiken lagen zwischen ›niveaulos‹ und ›grundsympathische Kalauerklamotte‹.

RHEINUFER / MARIENKAPELLE /// AN D'R KAPELL 2 ///
40789 MONHEIM /// 01 63 / 6 38 42 08 /// WWW.PIWIPP-BOOT.DE ///

HEIDEWITZKA, HERR KAPITÄN!

Monheim – Piwipper Bötchen

23

Die Stadt Monheim legt seit 1993 Wert auf den offiziellen Namenszusatz ›am Rhein‹. Es scheint, dass die Monheimer ihren Strom seitdem noch etwas lieber gewonnen haben. Ein Anzeichen dafür ist das Piwipper Bötchen, das seit 2012 nach 35 Jahren Pause wieder zwischen der rechtsrheinischen Stadt und dem Landgasthaus ›Piwipp‹ auf der Dormagener Seite verkehrt. Seit dem 14. Jahrhundert hatte es dort eine Fährverbindung gegeben.

Allerdings fährt die ›Piwipp‹ nur an Wochenenden und auch nur in der warmen Jahreszeit. Ein Verein ist für den neuen Fährverkehr an Stromkilometer 714 verantwortlich. Je nach Wellengang schwankt das Piwipper Bötchen beträchtlich. Gegen die riesigen Containerschiffe, die zwischen Rotterdam und Basel verkehren, wirkt es wie eine Nussschale.

Die Konzentration in den Augen von Wolfgang Hoffmann steigt merklich, wenn wieder ein großes Schiff in der Nähe auftaucht. »Das Fahren macht mir sehr viel Spaß«, sagt der routinierte Fährmann, »das muss aber auch so sein, denn wenn man mit Widerwillen bei der Sache ist, schwindet schnell die Konzentration.« Heiner Müller-Krumbhaar, der Vorsitzende des Trägervereins lobt Hoffmann, der eine kleine Aufwandsentschädigung für seine Arbeit bekommt: »Wolfgang Hoffmann kennt den Rhein in- und auswendig. Er ist der perfekte Fährmann. Das ist wichtig, denn er hat eine große Verantwortung zu tragen, wenn er das Boot fährt.«

Das Boot nimmt Fußgänger und Radfahrer mit ans andere Ufer, bis zu 25 Personen je Fahrt. Die setzen sich auf der anderen Rheinseite in den Biergarten des Landgasthauses und schauen den ›großen Pötten‹ zu, oder sie radeln noch ein paar Kilometer weiter den Rhein hinab zur historischen Feste Zons, setzen mit der Autofähre nach Düsseldorf-Urdenbach über und kommen über Baumberg zurück.

Aus einer 18 Meter hohen Abraumhalde wurde der Monberg: Die Kombination aus Szene-Gastronomie und Aussicht bis Köln und Düsseldorf hat ihren Reiz.

ESPRIT-OUTLET /// VOISWEG 10 ///
40878 RATINGEN /// WWW.ESPRIT.DE ///
ESP
esprit.

HIER IST IMMER SCHLUSSVERKAUF

Ratingen – Esprit-Outlet

24

Geduldige Shoppingbegleiter haben sich auf diesen Tag vorbereitet. In ein Buch versunken sitzt ein Mann auf der Sofainsel, zwei seiner Nachbarn beschäftigen sich mit ihren Smartphones. Ein vierter starrt Löcher in die Luft und trommelt mit den Fingern auf seine Oberschenkel.

Ungeduldige Menschen fahren lieber nicht an einem Samstag zu Esprit nach Ratingen. Ungeduldige Männer bleiben am besten ganz zu Hause. Denn wenn ihre Frauen, Freundinnen oder Töchter nur ein bisschen einkaufsbegeistert sind, verfallen sie in einen Rausch. 5.000 Quadratmeter voller wohlgeordneter Kleiderstangen machen selbst die vernünftigste Frau schwach.

Seit Umbau und Umzug im Jahr 2012 ist der Mode-Lagerverkauf in Ratingen nach Konzernangaben Europas größtes Outlet einer einzelnen Marke. Er liegt neben der weltweiten Firmenzentrale. Bis zu 40.000 Kunden kommen im Monat. Sie reisen aus dem Rheinland, dem Ruhrgebiet und aus Holland an. Die meisten sind – natürlich – Frauen.

Und weil 100 Umkleidekabinen eine Menge sind, an einem geschäftigen Samstagvormittag aber trotzdem nicht reichen, packen sich die Frauen ganze Einkaufswagen und übergroße Einkaufstaschen mit Blusen, Kleidern und Hosen voll, vorsichtshalber auch in verschiedenen Größen. Wer nach einer halbe Stunde Warten eine Kabine ergattert hat, kann sie nicht aufgeben, weil das T-Shirt in Größe M nicht passt.

Mode für Damen, Herren und Kinder wird in Ratingen verkauft, manchmal gibt's auch Schuhe oder Accessoires. Nur die Einrichtungslinie finden die Kunden dort nicht. Wie in einem Outlet üblich, handelt es sich meist um Ware aus der Vorsaison. Dafür kostet sie mindestens 25 Prozent weniger.

Wenn die Frauen nach einem Aussuch-Warte-Umzieh-Marathon endlich zum Bezahlen an der Kasse stehen, sind sie erschöpft, aber glücklich. Ihre geduldigen Shoppingbegleiter auch. Sie haben's geschafft.

Der Esprit-Lagerverkauf liegt in der Nähe der Autobahn 44. Der Weg von dort ist ausgeschildert. Am Outlet selbst gibt es 900 Parkplätze für die Kunden.

HOF ZUR HELLEN /// WINDRATHER STRASSE 197 ///
42553 VELBERT-NEVIGES /// 0 20 53 / 32 39 ///
WWW.BIOHOEFE-WINDRATHERTAL.DE ///

GRÜNE IDYLLE KURZ VOR DEM RUHRGEBIET

Velbert – Windrather Tal

25

Selbst der Raps hat es schwer, sich Geltung zu verschaffen. Dabei steht er in voller Blüte und leuchtet prächtig, wenn sich die Sonne blicken lässt. Doch die hat keine Chance. Dichter Nebel hängt über dem Windrather Tal. Der Tau des Morgens liegt noch zur Mittagszeit auf den Wiesen und Weiden. Das Bergische Land ist eine reichlich feuchte Gegend.

Eine Herde Schafe grast friedlich. Muttertiere und Lämmer, schwarze Schafe und weiße. Auf der anderen Seite der etwas holprigen und wenig befahrenen Straße, die das Tal durchzieht, stehen Kühe und Kälber. Zwischen den Velberter Stadtteilen Neviges und Langenberg präsentiert sich die Landwirtschaft noch als Idyll. Die industrielle Produktion mit ihren gigantischen Feldern, Maschinen und Viehbeständen scheint weit weg zu sein. Genau wie das Ruhrgebiet, das doch nur sieben, acht Kilometer weiter nördlich beginnt.

Das Windrather Tal ist seit mehreren Jahrzehnten weit über den Kreis Mettmann hinaus für seine Biohöfe bekannt. Mit dem Örkhof begann vor über 30 Jahren diese Entwicklung. Der Schepershof, die Höfe Judt und zur Hellen sowie der Vorberghof sind hinzugekommen. Der kleine Hof Dickten gehört auch noch dazu. Er dient als Schulbauernhof für die Windrather Talschule, die dem Waldorf-Konzept folgt. Auf den Höfen lernen die Schüler, wie Milch, Käse und Brot hergestellt werden und welche Verantwortung man in der Versorgung der Tiere täglich tragen muss.

Geschäftstüchtig sind die Biobauern, die sich zu einem Verbund zusammengeschlossen haben. Das Café auf dem Hof zur Hellen bietet neben Kaffee und Kuchen auch einen Biocatering-Service an. Und die Bio-Abokisten werden frei Haus in die ganze Region gebracht. Wer neben der industriellen Landwirtschaft bestehen will, muss sich etwas einfallen lassen.

Das Gebiet zwischen Wuppertal und Ruhr eignet sich gut für Rennradfahrer. Das Gelände ist abwechslungsreich, es gibt viele Sträßchen mit wenig Verkehr.

DRÖPPELMINA IM RESTAURANT ARMER RITTER. WICHTIG: SIE HEISST ›MINA‹ UND NICHT ›MINNA‹.

RESTAURANT ARMER RITTER /// DORFSTRASSE 7 /// 42489 WÜLFRATH /// 0 20 58 / 89 69 99 /// WWW.ARMER-RITTER-WASSERBURG-DUESSEL.DE ///

BEI BROATÄRPEL UND DRÖPPELMINA

Wülfrath-Düssel – Wasserburg

26

Hübsch anzusehen ist der Bach ja. Er rauscht und plätschert. Viel macht er aber nicht her. Ein bergischer Bach eben, wie es so viele gibt. Doch dieser Bach, die Düssel, gibt knapp 40 Kilometer weiter talabwärts der Landeshauptstadt und ehemaligen bergischen Residenz ihren Namen. Kein Düsseldorf ohne diese Düssel. Und auch kein Düssel ohne Düssel. Das denkmalgeschützte niederbergische Dorf, seit napoleonischen Zeiten ein Ortsteil von Wülfrath, trägt den Namen des Baches, der bei Velbert-Neviges entspringt.

Das Haus Düssel, ein früherer Rittersitz, ist ein besonderer Anziehungspunkt. Die Speisekarte des Restaurants Armer Ritter ist zweisprachig. Aber nicht etwa Deutsch und Englisch, wie man es in der Nähe der Messestadt Düsseldorf vermuten könnte. Auch nicht Deutsch und Niederländisch wie im benachbarten, von Holländern gern besuchten Sauerland. Sondern Deutsch und Bergisch. ›Dä tradetzionelle Köche es user Uthängescheld‹, heißt es, ›vie send Lütt ut'm Bergeschen, vie stonn to use Hearkonft und bieten önk eahrleche Huusmannskost.‹ Übersetzt: ›Die traditionelle Küche ist unser Aushängeschild. Wir sind Leute aus dem Bergischen, wir stehen zu unserer Herkunft und bieten Euch ehrliche Hausmannskost.‹

Und was gäbe es Ehrlicheres als eine große Portion Bratkartoffeln oder ›Broatärpel‹, wie es hier heißt? ›Möaren dorchänanger met Buckspeck‹ sind gestampfte Möhren und Kartoffeln mit Bauchspeck. Auch ›Suarkruut met Kassler‹, Sauerkraut mit Kassler, findet sich auf der sehr bodenständig geprägten Speisekarte. Für bergisches Flair sorgt im Restaurant eine Dröppelmina. In dieser bauchigen Metallkanne, die auf Füßchen steht, servierten die Bergischen früher ihren Kaffee. Da es aus dem Hahn immer ein wenig tropfte, kam sie zu ihrem Namen.

☞ Ein Krimidinner gehört zum Programm des Armen Ritter. Bei feinem Essen müssen die Gäste einen von Schauspielern präsentierten Mordfall lösen.

RHEIN-BERG UND LEVERKUSEN

KUHWEIDE UND TULPENFELD (ZUM SELBERSCHNEIDEN) IN DER BLÜTENSTADT LEICHLINGEN.

GÄRTEN DER BESTATTUNG /// KÜRTENER STRASSE 10 ///
51465 BERGISCH GLADBACH /// 0 22 02 / 9 35 80 ///
WWW.PUETZ-ROTH.DE ///

DIE ANDERE ART ZU TRAUERN

Bergisch Gladbach – Gärten der Bestattung

27

Fünf Monate gingen nach Fritz Roths Tod ins Land, bis er Anfang Mai 2013 zur letzten Ruhe gebettet wurde. Die Urne stand in dieser Zeit bei seiner Frau Inge zu Hause. »Wann immer jemand zu Besuch kam, war Fritz auf besondere Art noch einmal anwesend. Er hat uns noch einmal zum Lachen und zum Weinen gebracht«, erinnert sich sein Sohn David.

Der Bergisch Gladbacher Fritz Roth war der Querdenker unter den Bestattern. Er ergänzte die Trauerfeiern um nachdenkliche, fröhliche und provozierende Elemente. Sein eigener Sarg war knallrot.

Doch warum dauerte es so lange, bis seine Asche beigesetzt wurde? »Der Mai war sein Lieblingsmonat. Deshalb haben wir als Familie entschieden, Fritz' Urne erst dann beizusetzen«, erklärt sein Sohn David, der das berufliche Werk seines Vaters fortsetzt. Fritz Roth hatte mal die Idee, den 1. Mai zum Volkstrauertag zu erklären. ›Trauer ist Liebe‹ und deshalb gehörte Trauer für ihn in den Wonnemonat Mai.

Freunde und Verwandte haben Roths Grab mit Heimaterde bedeckt, von dem Bauernhof in Eikamp, auf dem er aufgewachsen war. Seine Asche ruht in den von ihm selbst angelegten Gärten der Bestattung.

Die Gräber in dem Waldstück sind individuell gestaltet. Hier steht die rote Laterne eines Bahnwaggons, da die Nachbildung einer Gitarre. An einen anderen Verstorbenen erinnern die Schals eines Karnevalsvereins. Kinderbilder und Skulpturen von Haustieren sind Verbindung zu den Verstorbenen. Ein künstlicher Bachlauf und eine Vielzahl von Kunstwerken machen aus dem Areal an der Kürtener Straße einen Park.

Das benachbarte ›Haus der menschlichen Begleitung‹, wie Roth sein Bestattungsinstitut nennt, gleicht eher einem Landhotel als einem Bestattungsinstitut. Kinder trauern in der Villa Trauerbunt – angelehnt an Pippi Langstrumpfs Villa Kunterbunt.

Die Stadt Bergisch Gladbach betreibt an der Reuterstraße ebenfalls einen Begräbniswald, in dem die Totenasche im Wurzelbereich der Bäume bestattet wird.

DIE KLEINE, GROSSE KUNSTTURNERIN

Oksana Chusovitina

5/11

Oksana Chusovitina hat einen Blumenstrauß ins Leistungszentrum des Rheinischen Turnerbundes nach Bergisch Gladbach gebracht. Sie versteckt sich ein wenig dahinter, wie immer wirkt sie etwas schüchtern. Sie macht den Eindruck, als koste es sie Überwindung, die Initiative zu ergreifen, ein paar Worte des Danks an Bundestrainerin Ulla Koch zu richten und ihr mit dem Strauß für Jahre der Unterstützung zu danken. Große Worte sind Chusovitinas Sache nicht, große Taten dafür umso mehr.

Die nur 1,53 Meter große und 43 Kilogramm schwere Athletin ist die einzige Turnerin, die viermal an Olympischen Spielen teilnahm. Doch das ist nicht die einzige Besonderheit in ihrem Lebenslauf. Chusovitina startete für drei Nationen: für die Sowjetunion (die GUS), für Usbekistan und für Deutschland. 1992 gehörte sie bei den Olympischen Spielen in Barcelona zum Gold-Team der GUS, 2008 holte sie in Peking im Sprung Silber für den Deutschen Turner-Bund. Als ›Turn-Oma‹ und ›Queen Mum des Turnens‹ startete sie 2012 im Alter von 37 Jahren bei Olympia in London.

2002 kam sie ins Rheinland, um ihren an Leukämie erkrankten Sohn Alisher an der Universitätsklinik Köln behandeln zu lassen. Bergisch Gladbach wurde zu ihrem Lebensmittelpunkt. Chusovitina konnte damals kein deutsch, verstand nicht immer, was gerade mit ihrem damals dreijährigen Jungen passierte, welche Medikamente er bekam. Spenden aus der großen Turnerfamilie halfen, die Therapie zu finanzieren. Heute ist Chusovitina glücklich. »Was will eine Mutter mehr, als dass das Kind gesund neben ihr sitzt?«, fragt sie.

In der letzten Phase ihrer Karriere startet sie wieder für Usbekistan und für den TV Herkenrath. An ihrem Geburtsland hängt ihr Herz – wie auch an ihrer bergischen Wahlheimat. »Ich habe zwei Heimaten«, betont die Turnerin, die in Deutschland ihren Lebensmittelpunkt hat.

Bergisch Gladbach ist ein traditionsreicher Standort des Turnens. Die Kreisstadt ist Sitz des Rheinischen Turnerbundes und der Rheinischen Turnschule.

Bergische
®
Gastlichkeit
DAS ZEICHEN FÜR HEIMISCHE KÜCHE: AUCH IM GRONAUER WIRTSHAUS.
GRONAUER WIRTSHAUS /// HAUPTSTRASSE 20 ///
51465 BERGISCH GLADBACH /// 0 22 02 / 5 30 07 ///
WWW.GRONAUER-WIRTSHAUS.DE ///

DER ›7. SINN‹ – FERNSEHKLASSIKER MIT GL-KENNZEICHEN

Bergisch Gladbach – Am Gronauer Wirtshaus

28

Die Muschelkarte im Gronauer Wirtshaus lässt kaum Wünsche offen. Es gibt panierte Muscheln Wiener Art, Sylt und Indisch, Rheinisch, à la Chef und Gronau in Sahneknoblauchsoße mit Krabben. Zehn verschiedene Sorten insgesamt. Das ist eine ansehnliche Palette, rechtfertigt den Ruhm des Hauses aber nur zum Teil. Das Gronauer Wirtshaus, oder besser gesagt die Kreuzung vor der Gaststätte, ist ein typischer Drehort für den wichtigsten Fernsehexport des Bergischen Landes in die große, weite Welt: für den ›7. Sinn‹. 1.675 Folgen der Serie zur Verkehrserziehung liefen von 1965 bis 2005. Nicht nur in Deutschland, sondern auch in Afrika und in vielen entlegenen Winkeln des Globus.

Alfred Noell, der Vater der Serie, bekommt heute noch das Grinsen nicht mehr aus dem Gesicht, wenn er sich an die Szene erinnert, in der sein TV-Team die Kreuzung vor dem Gronauer Wirthaus komplett blockierte. Der vielfach preisgekrönte Autor, der sich auch mit Berichten von Rallyes in Afrika einen Namen machte, erinnert sich: »Im Umkreis von zehn Kilometern um Bergisch Gladbach gibt es kaum eine Straße, in der wir nicht waren. Auch die vierte Folge filmte ich bereits hier. Ich wollte zeigen, wie Autos von hinten auf langsame Holzfuhrwerke auffahren. In Bergisch Gladbach gab es ein passendes Sägewerk und die enge Kurve beim Gronauer Wirtshaus. Da gab es unglaublich tolle Bilder, wie ein Baumstamm vorne ins Auto rein- und hinten wieder rauskommt.« Die Szene war natürlich gestellt. Das Sägewerk lieferte das Material für den Dreh.

Bis heute wird Alfred Noell im Scherz gefragt, ob die Leute, deren Wagen die Kenzeichen GL für Bergisch Gladbach und GM für Gummersbach tragen, wirklich so schlechte Autofahrer seien. Zwischen Bergisch Gladbach und Marienheide drehte Noell über 600 von insgesamt 1.675 Folgen seiner Verkehrserziehungsserie. Das Bergische Land bot beste Voraussetzungen für Actionszenen.

Der Soldatensender ›Radio Andernach‹ nutzt kurze Beiträge mit der Erkennungsmelodie des ›7. Sinn‹, um Soldaten für Verkehrssicherheit zu sensibilisieren.

HERZ-JESU-KIRCHE /// ALTENBERGER-DOM-STRASSE 140 ///
51467 BERGISCH GLADBACH /// 0 22 02 / 8 12 30 ///
WWW.HERZ-JESU-SCHILDGEN.DE ///

DIE KIRCHE MIT DEN MÜTZCHEN

Bergisch Gladbach – Herz Jesu

29

Auf dem Parkplatz neben dem Eingang steht ein weißes Schild. ›Kirchenangst‹ lese ich. Es scheint etwas Fürchterliches auf mich zuzukommen. Auch die Figur des Heiligen Sebastian über dem Tor wirkt nicht gerade vertrauenerweckend, drei Pfeile stecken tief in seinem Körper. Ich schaue noch einmal genauer auf das Schild am Parkplatz. Ach, nein, ›Kirchenangest.‹ steht da. Kirchenangestellte sollen da also parken. Das Haus ist doch nicht so furchteinflößend, wie es auf den ersten Blick wirkt.

Bei genauerem Hinsehen wirkt die Herz-Jesu-Kirche in Bergisch Gladbach-Schildgen sogar lustig, freundlich, originell. Das liegt vor allem an den sechs Mützen, die ihr der Baumeister Gottfried Böhm aufgesetzt hat. Die Kirche hat keinen herkömmlichen Kirchturm, sondern sie trägt diese sechs Kegel. Den kleinsten, gleich über dem Eingang, ziert ein Kreuz. Auf dem Glockenturm thront ein Hahn. Über dem Taufbecken, den beiden Beichtstühlen und dem Altar stehen die vier weiteren Türmchen.

Im lichten Beichtzimmer, wo Priester und Gläubige in hellen Korbsesseln Platz nehmen, weist das Fenster auf das Jahr der Einweihung hin. 1960 steht dort in römischen Ziffern. Die Gemeinde in Schildgen leistete sich mit dem Böhm-Bau ein Experiment. Als ›Karawanserei‹ bezeichnete die Architekturkritik das Gebäude, das sich auch mit seiner Betonfassade deutlich von der Umgebung im Bergisch Gladbacher Vorort abhebt. Seine Funktionalität und die klaren Formen weisen auf zwei Architekten hin, die Böhm in seiner Zeit in Amerika kennenlernte: Ludwig Mies van der Rohe und Walter Gropius. Böhm hat noch einen anderen bedeutenden Kirchenbau im Bergischen Land gestaltet. Der Mariendom in Velbert-Neviges ist sein größtes Werk. Kirchenangst muss man in Schildgen bestimmt nicht haben.

Besonders anschaulich und verständlich ist der Kinder-Kirchenführer, der im Eingangsbereich ausliegt. Zu empfehlen auch für Erwachsene.

SCHMITZEBUD /// RATHER MAUSPFAD 2 /// 51107 KÖLN-RATH ///
02 21 / 56 09 36 71 /// WWW.SCHMITZEBUD.INFO ///

RADSPORTTREFF SEIT DEN 1930ER-JAHREN

Köln – Schmitzebud

30

Das Rührei schmeckt. Dass es etwas lieblos auf einem Pappteller serviert wird, stört den Radsportler nicht. Er gönnt sich eine Stärkung, bevor er sich auf den Ritt ins Bergische macht. Von Kölns Südost-Ecke durch den Königsforst, dann Rösrath, weiter nach Overath und Kürten. Wie weit er hinauswill, weiß er noch nicht. Lust und Laune, Wind und Wetter und die Stimmung in der Gruppe bestimmen den Kursverlauf.

Die Schmitzebud, ein traditionsreicher Kiosk mit Cafébetrieb, ist der Treffpunkt für Radsportler, die ins Bergische Land aufbrechen. 30, 40, manchmal auch mehr als 50 treffen sich vor allem sonntags und an Feiertagen hier. Ein Sponsor hat eine Pumpstation aufgebaut, an der die dünnen Rennradreifen noch einmal auf Hochdruck gebracht werden können. In einem Spender, der einem Zigarettenautomaten ähnelt, gibt es Fahrradschläuche.

Der Radsport schlägt eine Brücke zwischen Köln und dem Bergischen Land. Der seit vielen Jahrzehnten im Frühjahr ausgetragene Klassiker ›Rund um Köln‹ führt Profis und ambitionierte Hobbysportler durch eine weite Runde über bergische Hügel und dann zum Schlusssspurt in die Domstadt. Ein großflächiges Wandgemälde an einer Seite der Schmitzebud weist auf den Profisport hin. Ein magentafarbener T-Mobile-Rennfahrer, einer im türkisfarbenen Hemd des Teams Astana und einer im gepunkteten Jersey des besten Kletterers der Tour de France kämpfen darauf um den Sieg.

Der Kult-Kiosk wurde 1898 anlässlich der Fertigstellung der Stadtbahn gegründet. Jahrzehntelang war er Sammelpunkt von Wanderern und Naturliebhabern, die sich hier vor und nach der ›Stadtranderholung‹ am Kiosk erfrischten. Seit den 1930er-Jahren – mit dem Bau der Rösrather Straße als Tor zum Bergischen – wurde das Büdchen zum Treff der Kölner Radsportlegenden wie Karl-Heinz Kunde, der fünf Tage das Gelbe Trikot der Tour trug.

Der 30 Quadratkilometer große Königsforst berührt das Gebiet der Städte Köln, Bergisch Gladbach und Rösrath. Wanderwege beginnen an der Schmitzebud.

WWW.BALKANTRASSE.DE ///
WWW.PANORAMA-RADWEGE.BAHNTRASSENRADELN.DE/ ///

ENTSPANNT RADELN AUF ALTER BAHNTRASSE

Burscheid – Balkantrasse

31

Fahrräder kannten viele Bergische jahrelang nur aus dem Urlaub in Holland. Wer steigt schon gerne aufs Rad, wenn auf dem Weg in die Schule oder nur zum Einkaufen mindestens ein steiler Berg zu bewältigen ist? Radeln in der Freizeit war nur etwas für Sportler. Doch seit in der Region ehemalige Bahnstrecken in Radwege umgewandelt wurden, die nur moderate Steigungen enthalten, ist ein regelrechter Boom ausgebrochen. Die Bergischen lieben ihre Trassen – und die Besucher ebenso.

Die Balkantrasse führt auf glatt asphaltiertem Weg rund 22 Kilometer von Burscheid-Kuckenberg über Wermelskirchen bis zum Bahnhof Remscheid-Lennep. Wenn das letzte Stück hinunter nach Leverkusen-Opladen ausgebaut ist, bindet der Radweg das Bergische an das Rheinland an.

Ihren Namen hat die Trasse von dem Zug, der bis 1983 zwischen Lennep und Opladen verkehrte. Die Einheimischen nannten die Linie liebevoll-spöttisch Balkanexpress – weil sie durch spärlich besiedeltes Gebiet fuhr.

Für die Radfahrer, Spaziergänger und Inline-Skater, die den Weg heute nutzen, macht das den Reiz aus. Wer die Ortschaften hinter sich lässt, schaut anfangs noch in Hinterhöfe und Gärten, ist dann aber schnell mitten im Grünen. Im Sommer bilden die Bäume links und rechts der Strecke auf manchen Abschnitten einen grünen Tunnel, an anderen Stellen öffnet sich der Blick weit übers Bergische Land. Wenn das Wetter schön ist, herrscht am Wochenende und nach Feierabend Hochbetrieb auf dem Weg.

Eine Herausforderung für die Radfahrer ist der Weg durch Wermelskirchen. Dort müssen sie durch die Innenstadt voller Einbahnstraßen, weil auf der alten Bahnstrecke eine Umgehungsstraße gebaut wurde. Über die endgültige Wegführung streitet die Politik seit Eröffnung des Radwegs. Radfahrer sollten sich davon nicht anstecken lassen – und möglichen Unmut in einer der Eisdielen bekämpfen.

☞ Eine gute Wegbeschreibung findet sich auf www.balkantrasse.de. Für die Fahrt durch Wermelskirchen sollten sich die Radler einen Stadtplan ausdrucken.

LANDHAUS FUCHS /// UNTERBERSTEN 27 /// 51515 KÜRTEN ///
0 22 68 / 72 86 /// WWW.LANDHAUS-FUCHS.COM ///

WO DIE BIKER ZU HAUSE SIND

Kürten – Landhaus Fuchs

32

Der Weg nach Kürten-Unterbersten führt über enge, kurvige Landsträßchen. Ein Albtraum für Autofahrer, die es eilig haben. Ein Traum für Motorradfahrer. Warum sie überhaupt nach Unterbersten fahren? Weil dort in ländlicher Abgeschiedenheit der Landgasthof Fuchs liegt. Und schon auf dem Parkplatz von Hotel und Restaurant haben Motorradfahrer Vorfahrt.

Seit über 40 Jahren ist das Landhaus Fuchs ein offener Geheimtipp und ein Treffpunkt in der Szene. Gastwirt Hans Dieter Fuchs ist selbst Biker und weiß, was Motorradfahrer wünschen: Erst eine anspruchsvolle Strecke, dann ein Plätzchen, wo man ungestört sitzen kann.

An sonnigen Tagen ist die Terrasse rappelvoll. Solisten, Paare oder ganze Gruppen von Bikern machen es sich dort gemütlich. Männer und Frauen in Ledermontur strecken wohlig die Beine von sich und recken ihre Gesichter in die Sonne. Die Terrasse geht wahlweise als Café oder Biergarten durch.

Und so stehen dort auf dem einen Tisch Kaffee, Waffeln und Apfelkuchen mit Sahne, während die Kellnerin den Gästen am Nachbartisch Currywurst mit Pommes und kühle Getränke serviert. Auch die berühmte Bergische Kaffeetafel und deftige Gerichte fehlen nicht auf der Speisekarte – als Mitbegründer der Initiative ›Bergische Gastlichkeit‹ legt Hans Dieter Fuchs Wert auf die regionale Küche.

Und wenn die Motorradsaison im Herbst langsam zu Ende geht? Dann bleiben die Wanderer. Sie machen im Landhaus ebenso Station wie Geocacher, die in der näheren Umgebung einige Schätze heben können. Außerdem wird gefeiert. Im Oktober lädt Gastwirt Fuchs zum Oktoberfest, im November und an Karneval bittet der gelernte Metzgermeister zum Schlachtfest.

So vergeht die motorradlose Zeit im Landhaus Fuchs. Bis im Frühjahr wieder ein Knattern durch die einsame Ortschaft dröhnt. Die Biker sind da.

Wer das Bergische Land zum ersten Mal besucht, darf sich die Kaffeetafel nicht entgehen lassen. Süß und herzhaft kombiniert – davon wird man richtig satt.

JULIUS POHLIGS STRENGER BLICK FLÖSST RESPEKT EIN – NUR DEN VÖGELN NICHT, DIE IHN BEKLECKERN.

STADTPARK /// AM STADTPARK /// 42799 LEICHLINGEN /// 0 21 75 / 99 20 /// WWW.LEICHLINGEN.DE ///

IM LANGEN SCHATTEN DES ZUCKERHUTS

Leichlingen – Julius-Pohlig-Denkmal

33

Ohne diesen Mann, dessen eindrucksvoller Bart an Kaisers Zeiten erinnert, hätte es eine der bekanntesten Szenen in den James-Bond-Filmen vielleicht nie gegeben. Ohne den Ingenieur Julius Pohlig, dessen Büste im Leichlinger Stadtpark steht, hätte der Zuckerhut in Rio de Janeiro womöglich nie eine Seilbahn bekommen. Und ohne Seilbahn keine Verfolgungsjagd zwischen dem ›Beißer‹ und Roger Moore in ›Moonraker – streng geheim‹.

Pohlig, 1842 in der Leichlinger Ortschaft Oberschmitte geboren, schuf 1913 mit seinem Kölner Unternehmen die erste Personenbahn auf den Hausberg von Rio. Damals gab es weltweit kaum Anlagen dieser Art. Das erste Modell, das 60 Jahre lang treu seinen Dienst versah, war aus Holz und erinnerte die Gäste an einen Straßenbahnwaggon.

Nicht nur Bond und der ›Beißer‹ benutzten sie zur Fahrt auf den 395 Meter hohen Zuckerhut, sondern auch Lech Wałęsa und Papst Johannes Paul II., Albert Einstein und John F. Kennedy, Gina Lollobrigida und Millionen von Touristen.

Julius Pohlig gilt als Pionier des Seilbahnbaus. Dabei ging es ihm allerdings zunächst nicht darum, Touristen eine schöne Aussicht zu bescheren, sondern um den Transport von Kohle und Erzen in Bergwerken. Die Weiterentwicklung seines Ingenieurbüros und anschließende Fusionen mit anderen Unternehmen machten ›Pohlig‹ weltweit zum Begriff im Seilbahnbau. Für Bahnen in den Alpen wurde die Firma herangezogen und für den Bau der bis heute rege genutzten Kölner Seilbahn über den Rhein vom Zoo ins Gelände der Bundesgartenschau von 1957.

In seiner Heimatstadt hat Pohlig keine Bahn gebaut – auch wenn viele Bewohner der höher gelegenen Ortsteile das wohl begrüßt hätten. Immerhin ist ihm neben der Büste auch eine Straße gewidmet. Diese Ehre wurde ihm auch in Köln und Berlin zuteil.

Einen Steinwurf entfernt vom Pohlig-Denkmal, im Rücken des Ingenieurs, liegt eine Boule-Bahn. Besonders schön ist es dort, wenn im Mai die Bäume blühen.

FERNSEHTURM /// HEILIGENSTOCK /// 42799 LEICHLINGEN ///
WWW.LEICHLINGEN.DE ///

DER LANGE LULATSCH UND SEIN BRÜDERCHEN

Leichlingen-Witzhelden – Fernsehturm

34

Hübsch sieht er aus, der Fernsehturm. Wie eine überdimensionale Zuckerstange von der Kirmes. Rank und schlank mit seinen 1,80 Metern Durchmesser. Rot und Weiß, immer abwechselnd, ragt er mehr als 200 Meter in die Höhe. Der lange Lulatsch schmückt das Wahrzeichen des sogenannten Höhendorfs Witzhelden. Aus allen Himmelsrichtungen ist er zu sehen.

Doch die Bezeichnung Fernsehturm stimmt seit 2005 schon nicht mehr. Damals wurden die letzten analogen TV-Programme, die von dort über Jahrzehnte ins Land gestrahlt worden waren, abgeschaltet. Ein paar Funk-Relaisstationen von Polizei und Feuerwehr sowie kleinere Sender für Mobiltelefon und Digitalradio hängen heute noch an der gewaltigen Stange.

Kaum jemand hätte einen nachhaltigen Schaden davon, wenn der lange Lulatsch umgelegt und verschrottet würde. Außer vielleicht die Telekom-Tochter T-Systems, die als Eigentümerin für den Abbau aufkommen müsste. Und die Witzheldener, die ihren Turm lieben gelernt haben, seit ein Mensch mit dem klangvollen Titel ›Oberpostdirektions-Präsident‹ kurz vor Weihnachten 1960 die letzte Schraube festzog.

Der Fernsehturm – wenn man ihn noch so nennen darf – steht seit 1975 nicht mehr allein auf windiger Flur. Ein paar Hundert Meter entfernt bereichert ein Richtfunkturm die Silhouette des Höhendorfs. Hinzu kommt ein Windrad. Auf Autoaufklebern, mit denen Witzheldener ihre Herkunft würdigen, sind die drei Riesen neben der im 11. Jahrhundert gebauten evangelischen Kirche (›Der Alte vom Berg‹ genannt) abgebildet.

Wenn der schlanke Riese mal gar nicht mehr gebraucht wird, um Funksignale in die Welt zu schicken, können sich die Witzheldener ja an den ersten Einsatz des Turms erinnern. Kurz nach dem Richtfest leuchtete in rund 100 Metern Höhe ein Weihnachtsbaum.

Der rot-weiße Stängel trägt in Erinnerung an den früheren Bürgermeister August Weltersbach den Spitznamen ›Äu‹. Der Richtfunkturm wird ›Rich‹ genannt.

OBENRÜDENER KOTTEN /// OBENRÜDENER KOTTEN 1 ///
42657 SOLINGEN /// 02 12 / 87 01 80 ///
WWW.OBENRUEDENER-KOTTEN.DE ///

DAS SCHÖNSTE STÜCK DER WUPPER

Leichlingen / Solingen – Rüden

35

Der Altbundespräsident weiß, wo er herkommt. Walter Scheel sagt: »Wenn man mich nach meiner Heimat fragt, nenne ich Solingen und das Bergische Land.« Scheel schätzt die Landschaft. »Als ich noch in der Umgebung wohnte, bin ich oft zurückgekommen, um an der Wupper zwischen Wipperaue und Rüdenstein oder an der Sengbachtalsperre spazieren zu gehen.« Kindheitserinnerungen verbindet der Weitgereiste mit dem schönsten Abschnitt der Wupper. Ob er sich damals hätte vorstellen können, dass aus dem vor seiner Zeit dreckigsten Fluss Westeuropas mal ein Paradies für Kanuten und Angler werden würde?

Das Stück zwischen Haasenmühle und Wupperhof zieht seit einigen Jahren Aktive aus der ganzen Region an. Wanderer und Radfahrer finden gepflegte Wege und eine abwechslungsreiche Gastronomie. Besonders anziehend ist die Ortschaft Rüden mit dem Obenrüdener Kotten und der bei Hochzeitsgesellschaften beliebten Gaststätte ›Rüdenstein‹, die in der vierten Generation betrieben wird. Ihren Namen hat sie von einem 1927 auf der gegenüberliegenden Seite der Wupper enthüllten Denkmal eines bellenden Hundes.

Der Legende nach war Robert von Berg, ein Jungherzog aus dem Herzogtum Berg, Weihnachten 1424 auf der Jagd nach einem Hirsch. Im Schnee stürzte der Reiter an einem Abgrund von seinem Pferd und verletzte sich. Sein Begleiter, der Rüde, eilte der Jagdgesellschaft nach, die sich schon auf dem Rückweg nach Schloss Burg befand. Diese folgte dem aufgeregten Bellen des Hundes, sodass der junge Herzog gerettet werden konnte.

An den steilen Hängen links und rechts des Flusses finden sich Wanderwege, die immer neue Aussichten ins Tal ermöglichen. Wer auf große Tour gehen will, nimmt auf Solinger Seite den Klingenpfad (mit einem ›S‹ beschildert). Der in der Weltwirtschaftskrise Anfang der 1930er-Jahre angelegte Rundweg führt auf 70 Kilometern rund um Solingen.

Lohnender Zwischenstopp: der Biergarten des Landhauses Wupperhof. Die Spareribs vom Grill und der Krautsalat sind besonders zu empfehlen.

BEIN AB, ARM DRAN? VON WEGEN!

Heinrich Popow

Immer geradeaus. Wie beim Sprint über 100 Meter. So ist Heinrich Popow, wenn er über sich, über seinen Sport und über seine Behinderung spricht. Als Neunjährigem wurde ihm das Bein bis zum Oberschenkel abgenommen, weil er an Knochenkrebs litt. 20 Jahre später stand er auf dem Gipfel seiner sportlichen Karriere. Bei den Paralympics 2012 in London gewann er über 100 Meter. Seitdem ist der Athlet des TSV Bayer Leverkusen das Gesicht und die Stimme des deutschen Behindertensports.

Popow, geboren 1983 in Kasachstan und aufgewachsen im Westerwald, hat sein Schicksal angenommen. »Ich weiß gar nicht, ob ich mit zwei gesunden Beinen genauso schnell wäre«, sagt er. Ein leichter Akzent verrät seine Herkunft. »Vielleicht wäre ich gar kein Leichtathlet geworden. So wie ich jetzt bin, bin ich die glücklichste Person, die es gibt. Mit der Erfahrung, die ich jetzt habe, würde ich jederzeit wieder mein Bein amputieren lassen.«

Er arbeitet als IT-Fachmann bei den Fußballern von Bayer 04. Doch sein Lebensmittelpunkt ist die Leichtathletik. »Ich habe die Welt bereist, ich habe sehr viel gelernt, ich habe andere Kulturen kennengelernt, ich habe gelernt, hart und zielstrebig an mir zu arbeiten. Das will ich nicht missen. Und deshalb mache ich mir über das Was-wäre-wenn gar keine Gedanken.«

Sein Optimismus und seine Lebensfreude wirken ansteckend. »Meiner Mutter muss ich manchmal erklären, dass es mir gut geht. Die sagt schon mal: ›Aber Kind, du hast doch ein Bein ab.‹ Dann muss ich ihr sagen, dass ich zu den glücklichsten Menschen gehöre.« Aber so sind Mütter eben. Nach dem Sieg in London wollte sie ihren Sohn überreden aufzuhören, um den Körper zu schonen. Aber Heinrich hat noch Ziele. Er will der erste Vollprofi im deutschen Behindertensport werden.

Popow überredete Markus Rehm dazu, Leichtathlet zu werden. Der ehemalige Wakeboarder ist seit einem Sportunfall ebenfalls auf eine Beinprothese angewiesen. Rehm wurde Paralympics-Sieger im Weitsprung.

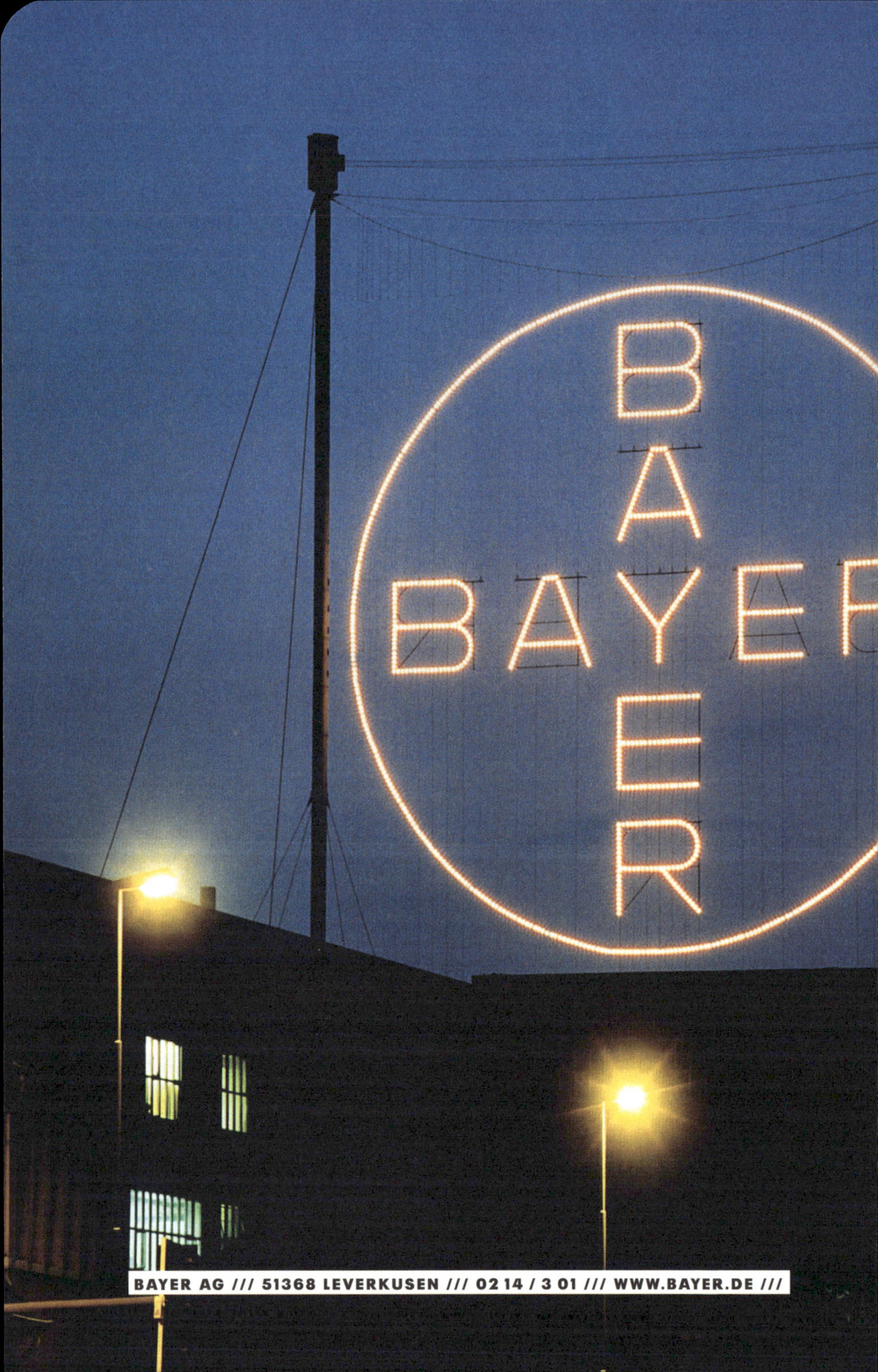
BAYER
BAYER
BAYER AG /// 51368 LEVERKUSEN /// 02 14 / 3 01 /// WWW.BAYER.DE ///

LEUCHTENDER WEGWEISER IN DIE HEIMAT

Leverkusen – Bayerkreuz

36

Wenn die Bevölkerung um ein Symbol der Industrie kämpft, ist das sicher etwas Besonderes. Als der Chemiekonzern das Bayerkreuz kurz nach der Jahrtausendwende abbauen wollte, veranstalteten Leverkusener aus Protest einen Autokorso und Unterschriftenaktionen. Der damalige Vorstandsvorsitzende Werner Wenning hadert bis heute, dass er als Mann aus der Region hätte wissen müssen, was den Menschen dieses Kreuz bedeutet.

Manchen Kölnern wird es warm ums Herz, wenn sie auf dem Weg zurück aus der Ferne zum ersten Mal wieder ihren Dom sehen. Die bergische Region besitzt auch so einen ›Leuchtturm‹, der Heimatgefühle weckt: das Bayer-Kreuz. Es ist die übergroße Version eines weltweit bekannten Markenzeichens, das das Kaiserliche Patentamt im Jahr 1904 genehmigte.

120 Meter beträgt seine Höhe, 51 Meter ist es im Durchmesser, 300 Tonnen wiegt es. Die handelsüblichen 40-Watt-Glühbirnen wurden zuletzt durch 1.710 Dioden ersetzt. Sie erstrahlen jede Nacht – außer im Frühjahr und im Herbst, wenn die Zugvögel entlang des Rheins in ihre Winterquartiere oder zurück unterwegs sind. Dann bleibt das Bayerkreuz dunkel, damit das Licht die Tiere nicht irritiert.

Am 20. Februar 1933 leuchtete das Kreuz zum ersten Mal. Es galt als die ›größte Lichtreklame der Welt‹, wie die Zeitung ›Bergische Post‹ jubelte. Bei der Inbetriebnahme sagte der Vorstandsvorsitzende Carl Duisberg: »Wie das Kreuz des Südens dem Seefahrer die Richtung gibt, so soll dieses Kreuz des Westens im Herzen des deutschen Industriezentrums aufleuchten als Zeichen unserer Zuversicht.«

Doch dieses Kreuz sollte nur sechs Jahre sein Licht verbreiten. Einen Tag vor Kriegsbeginn wurde es aufgrund der Verdunklungsvorschriften ausgeschaltet. Es dauerte fast 20 Jahre, bis das Firmensymbol wieder strahlte. Ganz in der Nähe eines anderes Kreuzes. Das Leverkusener Kreuz ist der meistbefahrene Autobahnabschnitt Deutschlands.

☞ Das Kommunikationszentrum BayKomm gibt mit Ausstellungen und Vorträgen Einblicke in die Geschichte des Unternehmens: www.baykomm.bayer.de

LEVERKUSEN ON ICE /// SCHUSTERINSEL /// 51379 LEVERKUSEN ///
0 21 71 / 38 01 /// WWW.EISFESTIVAL.DE ///

MIT PRÄZISION AUF GLATTEM TERRAIN

Leverkusen – Schusterinsel

37

Wo ist der Besen? Hier werden Steine übers Eis geschoben, und es gibt keine Besen. Ja, sind wir hier denn nicht beim Curling? So wie im Fernsehen? Nicht wie bei den Olympischen Spielen? Nein, hier wird kein Curling gespielt, hier geht es um Eisstockschießen. Das ist zwar so ähnlich, aber doch nicht das Gleiche. Und das lockt immer mehr Leute an. Seit 1997 findet das Festival ›Leverkusen on Ice‹ statt. 11.000 Menschen schoben die Eisstöcke zuletzt innerhalb von sieben Wochen übers Eis.

Das Spiel funktioniert wie das gute alte Boccia. Das Team, das seine Stöcke am nächsten an der Daube (oder am ›Schweinchen‹) platziert, gewinnt. Weil es dabei knapp zugeht, bekommt jeder Mannschaftsführer einen Zollstock zum Nachmessen. Eisstockschießen ist eine gesellige Angelegenheit. Und sie wird immer geselliger. Denn zwischen den Runden kommen die Kellner vorbei. »Darf es noch ein Getränk sein?« Ja, darf es!

Es herrschte Aufbruchsstimmung im Deutschen Reich, als die Brüder August und Ferdinand Schüller hier an der Wupper in Opladen vor mehr als 140 Jahren ihre Färberei in Betrieb nahmen. Heute herrscht wieder Betriebsamkeit auf dem Areal, das nach Leverkusen eingemeindet wurde und die Bezeichnung Schusterinsel trägt. Zahlreiche kleine Gewerbebetriebe haben sich niedergelassen. Im August kommen Zehntausende zur Bierbörse auf das Gelände, im September sammeln die Kinder Kastanien auf der Allee an der Wupper, und für die Zeit von Mitte November bis in den Januar hinein hat sich ›Leverkusen on Ice‹ fest etabliert.

Das Eisfestival ist mit acht Bahnen fürs Eisstockschießen und einer Eislauffläche, auf der während der kurzen Saison 24.000 Menschen ihre Runden drehen, an seine Grenzen gestoßen. Es wäre zwar noch Platz für eine etwas größere Fläche, doch dann müsste man einen Dieselgenerator für die zusätzlichen Eismaschinen aufstellen.

Wer für einen Wochenend-Termin oder an einem Feiertag eine Bahn zum Eisstockschießen buchen möchte, muss sich schon Monate zuvor darum bemühen.

DER JÜNGSTE ›ALTE‹

Jan-Gregor Kremp

7/11

Wenn Bayer 04 zu Hause spielt, macht Jan-Gregor Kremp das, was viele Leverkusener Väter samstags tun: Er geht mit seinem Sohn Leo ins Stadion und hofft auf einen Sieg der Werkself. Die Liebe zu seinem Fußballverein ist so groß wie die zu seiner Heimatstadt.

Monheim steht als Geburtsort im Pass des Schauspielers, doch Leverkusen ist sein Zuhause. Dort ist er mit fünf Geschwistern aufgewachsen, dort lebt er mit seiner Frau, der Schauspielerin Johanna Gastdorf, und seinem Sohn. »Mir gefällt das Heimatgefühl. Ich kenne die Leute, ihre Sprache, ich habe den Wald vor der Nase, die Dhünn, mein Stadion, ich habe Köln, den Dom und den Rhein in der Nähe. Ich brauche das Vertraute«, sagte der Schauspieler einmal in einem Zeitungsinterview.

Daher pendelt er auch, um für seine aktuelle Hauptrolle vor der Kamera zu stehen: Seit 2012 ist Kremp ›Der Alte‹. Mit 50 Jahren wurde er der vierte Hauptermittler der Kult-Krimiserie – und der mit Abstand jüngste. Eine andere Polizistenrolle hat ihn bekannt gemacht: die des Kommissars Keller aus ›Polizeiruf 110‹. Auch als Bösewicht in Tatorten, aus Fernseh- und Kinofilmen ist den Zuschauern sein Gesicht vertraut. Dabei war es die Leidenschaft für die Bühne, wegen der Kremp sich immer wieder an Schauspielschulen bewarb und schließlich am Salzburger Mozarteum angenommen wurde. Sein Schulmusikstudium brach er dafür ab.

Weil ihm beides fehlte, Bühne und Musik, ist er auch mit einem Solo-Programm unterwegs. In ›Kremp – ist mir so passiert …‹ erzählt er von sich, plaudert aus der Branche, singt und spielt Klavier. Bissig, witzig, sehr persönlich und mit viel Selbstironie. Eine Hymne an Leverkusen und Bayer 04 singt er nicht nur zu Hause: »Verseuchte Erde bleibt doch Heimatboden, dort wo 04 dem Abstieg ewig trotzt. Meine Geburt, mein erster Kuss, mein Letzter gehört zu dir, wie Aspirin und Bier.«

Als Botschafter für seine Heimat wurde Kremp 2012 mit dem ›Leverkusener Löwen‹ ausgezeichnet – und dafür, dass er sich für Jugendliche sozial engagiert.

ALTENBERGER DOM /// LUDWIG-WOLKER-STRASSE 4 ///
51519 ODENTHAL /// 0 21 74 / 45 33 /// WWW.ALTENBERGER-DOM.DE ///

KÜHE ZWISCHEN DOM UND MÄRCHENWALD

Odenthal – Altenberger Dom

38

Die Menschen gehen langsam. Sie schauen. Sie unterhalten sich ruhig und unaufgeregt. Altenberg ist ein leiser Ort. Die Hektik der nahen Großstädte Köln und Düsseldorf wirkt hier am Ufer des Flüsschens Dhünn weit weg. Der Altenberger Dom – auch Bergischer Dom genannt – steht erhaben im Tal. Die Weiden der schwarz-bunten Rinder reichen bis unmittelbar an die im 13. Jahrhundert von Zisterziensern erbaute Kathedrale heran. Kuh und Kirche vertragen sich prima.

Die Bezeichnung Dom ist ein bisschen geschwindelt, denn ein Bistum wurde von hier aus nie regiert. Münster müsste die Abteikirche eigentlich heißen. Doch so genau hat das hier nie jemand genommen. Auch über die Grenzen der Konfessionen haben sich die Bergischen im tief eingeschnittenen Tal der Dhünn früh hinweggesetzt. Seit mehr als 150 Jahren nutzen die evangelische und die römisch-katholische Kirche das Gotteshaus gemeinsam.

Es wirkt, als sei die Zeit stehengeblieben. Heute wie vor Jahrzehnten dient der Altenberger Dom Pilgern wie Ausflüglern als Ziel. Generationen von Kindern aus der Region kamen an den Wochenenden mit ihren Eltern und Großeltern zum Dom und vor allem zum benachbarten Märchenwald. Seit 1931 werden dort Szenen aus den Geschichten der Gebrüder Grimm samt mechanischen Tricks und eingespielten Geräuschen geboten. Und irgendwann merkt auch der kleinste Besucher, dass der Wolf aus Rotkäppchen in Wirklichkeit ein ausgestopfter Schäferhund ist.

Gourmets schätzen die Küche des Altenbergers Hofs, der einen Steinwurf vom Nordportal des Doms entfernt einlädt. Letzte Zweifel an der Qualität der Küche hat der frühere Fußball-Manager Reiner Calmund ausgeräumt. Der Feinschmecker von Gewicht feierte dort unlängst die Eheschließung mit seiner dritten Frau und wird seitdem nicht müde, vom Menü zu schwärmen.

Seit 1950 bringen katholische Jugendliche das Altenberger Licht jedes Jahr als Zeichen des Friedens in einer Sternstafette in Gruppen nach ganz Europa.

RESTAURANT
DIETER
MÜLLER
DIETER MÜLLER
Dieter Müller

DIE DREI-STERNE-KOCHLEGENDE

Dieter Müller

8/11

Was ist denn das? Dieses grün-gelbe, völlig verkochte Etwas? Dieter Müller hatte schon viel von der Welt gesehen, als er vor mehr als 20 Jahren ins Bergische Land kam. Aber das? Das sei Rübstiel, ließ sich der hochdekorierte Koch erklären. Stiele und Blätter von Speiserüben. In der Region werde das gern gegessen. Aha, Rübstiel! Das kannte er aus seiner badischen Heimat nicht. Dieter Müller, der in Odenthal lebt, fühlte sich herausgefordert: »Da machst du etwas Gutes draus.« Heute, sagt er, »schwärmen die Leute richtig«, wenn sie sein ›modernisiertes‹ Rübstiel bekommen. Mit geschmorten Kalbsbäckchen, einer Schmorsoße, Kartoffelstampf mit Kräutern und Butter.

Auch mit über 60 zeigt Müller die Leidenschaft für seinen Beruf, die ihn zu einem der herausragenden Köche Deutschlands und zu einer der international bekanntesten Persönlichkeiten des Bergischen Landes gemacht hat. Schloss Lerbach in Bensberg hat er in 18 Jahren, in denen er dort arbeitete, zu einer der ersten Adressen für Gourmets geformt.

Er sammelte Sterne und Auszeichnungen, Fachleute aus Frankreich und Deutschland zählten Müller zu den besten Köchen der Welt. 70 Tage im Jahr verwöhnt er die Gäste auf dem Kreuzfahrtschiff MS Europa. Jeden Abend habe er glückliche Gäste: »Es ist ein Erlebnis, wenn man durch das kleine, wunderschöne Schiffsrestaurant geht und die Leute klatschen und strahlen.« Müller lässt seine Gäste genießen – und er genießt selbst. Für einen Hersteller hochwertiger Küchen führt er zudem jährlich 20 exklusive Events durch.

»Ich habe so viel gesehen wie kein anderer Koch der Welt«, sagt er. Kochbücher hat er ja schon verfasst, um »weiterzugeben und festzuhalten, was mir wichtig ist«. Sein Dieter-Müller-Kochbuch hat die Goldene Feder bekommen. »Darauf bin ich stolz, das hat noch kein deutsches Kochbuch sonst geschafft.«

Dieter Müller führt in seiner Kochschule bei sich daheim Kurse mit Gruppen von acht bis zwölf Teilnehmern durch.

KONZENTRIERT BEIM WURF: BERNHARD SCHMIDT.

ST. ROCHUS /// GÄRTNERSTRASSE 5 A ///
51491 OVERATH-HEILIGENHAUS /// 0 22 06 / 22 48 ///
WWW.KATH-ST-ROCHUS.DE ///

DIE KEGELBAHN UNTER DER KIRCHE

Overath-Heiligenhaus – St. Rochus

39

Bernhard Schmidt bekommt glänzende Augen. Und er erzählt, erzählt, erzählt, wenn er an Michael Schmitz zurückdenkt. Ende der 1960er-Jahre wirkte der als Pfarrer in der Heiligenhauser Gemeinde St. Rochus. Mit den Kindern und Jugendlichen des Ortes konnte er es besonders gut, so erinnert sich Schmidt heute. Er sprach ihre Sprache und traf ihre Themen.

Doch Pastor Schmitz hat in St. Rochus noch mehr hinterlassen als schöne Erinnerungen. Der Kirchenneubau neben der mittlerweile als Pfarrsaal genutzten Behelfskirche aus den 1930ern und der uralten Kapelle geht auf ihn zurück. Die Besonderheit des Gebäudes befindet sich im Keller. Genau unter dem Kirchschiff verläuft eine Kegelbahn.

Die Anschreibetafel, auf der der Punktestand der fröhlichen Runden vermerkt wird, befindet sich genau unter dem Altar. »Pfarrer Schmitz wollte, dass die Kirche zu einem Treffpunkt des Ortes wird«, erklärt Bernhard Schmidt. Das ist ihm gelungen. Der Terminkalender zeigt im ganzen Jahr kaum einen Tag, an dem die Kegelbahn nicht belegt ist. Manchmal kommen drei Gruppen an einem Tag. Nur während der Messen wird im Keller nicht gekegelt. Das verbietet die Ehrfurcht.

Bernhard Schmidt und seine Frau Lucy, die den Küsterdienst versieht, kommen mit ihrer 15-köpfigen Kegelgruppe alle zwei Monate einmal – und jedes Jahr an Silvester. Und das seit bald 20 Jahren. Die ›Kegelgärtner‹ nennen sie sich, weil die Mitglieder alle in der Gärtnerstraße wohnen. Für die Verpflegung sorgen sie selbst. Pralinen und Schokoriegel, Schnapsgläschen, Orangensaft und Kölsch-Flaschen stehen auf dem Tisch. Um 19 Uhr fangen die Kegelbrüder und -schwestern an, gegen 22 Uhr machen sie Feierabend. Dabei dürften sie auch länger spielen. »Bis zur nächsten Messe« – so lautet die Regel.

Ein Besuch in St. Rochus lohnt besonders zur Weihnachtszeit. Ausgestopfte Tiere aus der Region säumen die mit großem Aufwand hergerichtete Krippe.

LANDMARKE IN SICHTWEITE DER AUTOBAHN 4: DER FÖRDERTURM OBERHALB VON UNTERESCHBACH.

BERGBAUWEG /// AB BAHNHOF HOFFNUNGSTHAL /// 51503 RÖSRATH /// 0 22 66 / 4 63 37 10 /// WWW.BERGISCHES-WANDERLAND.DE ///

DIE RÖMER BAUTEN HIER SCHON ERZ AB

Rösrath / Overath – Bergbauweg

40

Ein Foto mit dem Förderturm im Hintergrund, eines auf dem Golfwägelchen, eines mit bergischen Höhenzügen, eines mit dem Glaspalast, in dem sich die Hochzeitsgesellschaft das Buffet vornimmt – an Motiven für schicke Hochzeitsbilder findet die Fotografin ein Überangebot. Sie schickt das Brautpaar von A nach B und wieder zurück.

Der Förderturm hat es ihr dabei besonders angetan. Mit grünlicher Rostschutzfarbe bestrichen steht er als Zeichen einer langen Bergbautradition hoch oben auf dem Berg über Untereschbach. Heute ist er ein Symbol des Golfclubs Lüderich, von dessen Terrasse der Blick über die Landschaft schweift. Die stählerne Figur eines Golfers verbindet Vergangenheit und Gegenwart.

Der Lüderich ist ein Ort der Entspannung geworden. Dabei steht er doch für Jahrhunderte schwerster Schufterei. Der Erzbergbau hat am Westrand des Bergischen Landes eine Tradition, die bis in die Zeit der römischen Legionäre zurückreicht. Oder länger. Aus den ersten 500 Jahren v. Chr. wurden im Bergischen Land nur wenige direkte Hinweise auf Bergbau gefunden. Dennoch gehen Lokalhistoriker davon aus, dass die Bevölkerung schon damals vom Bergbau auf Raseneisenerz und Brauneisenerz sowie vereinzelt auf Kupfer und Silbererz gelebt hat. 1978 endete dieses Kapitel, die Grube Lüderich schloss nach 126 Jahren und einer Förderleistung von 10 Millionen Tonnen Erz.

An die Wirtschaftsgeschichte dieses Landstrichs erinnert der Bergbauweg, der am Bahnhof Hoffnungsthal beginnt, zu alten Bergwerkshäusern und Stolleneingängen, zu restaurierten Fabrikhallen und schmucken Unternehmervillen führt. 12,1 Kilometer misst der Rundweg. Mit seinen Steigungen ist er durchaus anspruchsvoll. Wer die Infotafeln alle lesen will, braucht fast vier Stunden für die Runde.

In Rösrath-Hoffnungsthal arbeitet die letzte verbliebene Kornbrennerei der Region. Das Unternehmen ›Hoffer Alter‹ darf jedes Jahr 900 Liter Schnaps brennen.

TAGUNGSHAUS MARIA IN DER AUE /// IN DER AUE 1 ///
42929 WERMELSKIRCHEN /// 0 21 93 / 50 50 ///
WWW.TAGEN.ERZBISTUM-KOELN.DE/AUE/ ///

TREFFPUNKT FÜR MANAGER UND MESSDIENER

Wermelskirchen – Maria in der Aue

41

Von diesem Platz möchte man gar nicht wieder aufstehen. Die große Panoramaterrasse von Maria in der Aue liegt fast den ganzen Tag über in der Sonne. Der Blick der Gäste fällt ins Grüne, über eine Wiese hinab auf den Wald. In der Nähe gibt es keine großen Straßen, keine Häuser in der Nachbarschaft. Hier herrscht Ruhe. Es sei denn, eine Wandergruppe bricht gerade auf oder Gäste schicken sich an, den hauseigenen Klettergarten zu erkunden. Maria in der Aue ist ein Tagungshotel des Erzbistums Köln. Manager treffen sich dort genauso wie Messdiener.

Als Schloss Haniel begann 1927 die Geschichte des Anwesens, das abgelegen zwischen Wermelskirchen-Dabringhausen und Odenthal-Altenberg liegt. Der Großindustrielle Karl Haniel ließ es im barocken Stil als Jagd- und Gästehaus bauen. Mit allem Komfort: mit Schwimmbad und Kegelbahn, Reitstall und Tennisplatz, Bibliothek und Orgel. Bad, Kegelbahn und Kapelle gehören auch heute zum Haus, haben aber mit der Ausstattung des ursprünglichen Schloss Haniel nichts mehr gemein – es brannte 1971 vollständig ab und wurde später komplett neu aufgebaut.

Bis dahin hatte es eine wechselvolle Geschichte hinter sich. Die Haniels mussten 1934 Deutschland verlassen, um sich vor den Nationalsozialisten in Sicherheit zu bringen – Edith Haniel hatte jüdische Vorfahren. Während des Nationalsozialismus war das Anwesen ein Seminar für Kindergärtnerinnen, nach dem Krieg ein Kindererholungsheim. 1956 wurde es schließlich vom katholischen Familien-Ferien-Trägerwerk gekauft.

Wer heute nicht zum Tagen oder für einen Kurzurlaub kommt, wählt Maria in der Aue als Ausgangspunkt zum Wandern. Der Altenberger Dom liegt ebenso in Spazierweite wie die Dhünntalsperre. Und wenn der Wanderer klug ist, sucht er sich erst nach seiner Tour ein Plätzchen auf der Terrasse. Sonst geht er vielleicht gar nicht erst los.

Der Bergische Wanderbus verbindet von April bis Ende Oktober Maria in der Aue mit Wermelskirchen, Altenberg und der Großen Dhünntalsperre.

STRAUSSENFARM EMMINGHAUSEN /// EMMINGHAUSEN 80 ///
42929 WERMELSKIRCHEN /// 01 51 / 16 62 84 19 ///
WWW.STRAUSSENFARM-EMMINGHAUSEN.DE ///

STOLZES FEDERVIEH AUF BERGISCHEN WEIDEN

Wermelskirchen – Straußenfarm

42

»Ist das in Südafrika?« So kommentierte ein Bekannter das Facebook-Foto, auf dem fünf Strauße majestätisch über eine Wiese stolzieren. Nö. Das ist im Bergischen Land. In Emminghausen, einer Hofschaft bei Wermelskirchen-Dabringhausen. Wo früher schwarz-bunte Kühe weideten, ist jetzt das schwarz-braune Federvieh zu Hause. Etwa 150 Strauße leben auf der Farm von Klaus Stöcker.

Die Deutschen sind auf den Geschmack von Straußenfleisch gekommen. Stöcker hat das erkannt und sich mit der Zucht ein berufliches Standbein aufgebaut. Bei Hofführungen lässt er Besucher hinter die Kulissen schauen.

Mitarbeiterin Claudia Sagner begrüßt die Gruppe in ihrer – so scheint's – ältesten Jacke. Das Leder ist dreckverschmiert, die Schulterklappen sind abgerissen. Doch als Sagner vor dem ersten Gehege stehen bleibt und erzählt, wie die Laufvögel ins Bergische kamen, wird der Sinn der Kleidung klar: Drei Strauße stecken neugierig ihre Köpfe durch die Löcher des zwei Meter hohen Zaunes und picken vorwitzig an der zierlichen Frau herum.

Claudia Sagner lässt sich davon nicht aus dem Konzept bringen. Sie erzählt fesselnd und überaus unterhaltsam. Am Ende der einstündigen Tour wissen die Besucher beispielsweise, dass die Laufvögel mit bis zu 70 Kilometern pro Stunde sprinten können (»weglaufen zwecklos«), alles fressen, was auf der Wiese wächst, dass die Emminghauser Strauße die Mitarbeiter der Farm schon in manch knifflige Situation gebracht haben, und dass ihre Füße weitaus gefährlicher sind als die Schnäbel – der Tritt eines Straußes kann töten.

Respekteinflößend sind sie, diese Vögel, und zugleich ganz putzig. Das wird den Besuchern am Ende der Führung klar. Ein kollektives »Oooh« entfährt ihnen, als Claudia Sagner einen Stall öffnet und drei Wochen alte Küken auf den Hof lässt. Exotik pur. Mitten im Bergischen Land – nicht in Südafrika.

Wer Straußenfleisch kaufen möchte, sollte es per E-Mail vorbestellen, um bei der nächsten Schlachtung berücksichtigt zu werden. Die Nachfrage ist groß.

WANDERER IM EIFGENBACHTAL: VON WERMELSKIRCHEN FÜHRT DER WEG BIS ZUR DHÜNN NACH ALTENBERG.

RAUSMÜHLE /// RAUSMÜHLE 1 /// 42929 WERMELSKIRCHEN /// 0 21 93 / 8 13 /// WWW.RAUSMUEHLE.DE ///

WO NICHT NUR DER ENTHÜLLUNGSAUTOR KRAFT TANKT

43

Wermelskirchen – Rausmühle

Wenn Günter Wallraff durchschnaufen möchte, kehrt er ins Bergische Land zurück. Raus aus Köln, hinein in die Region, in der er 1942 geboren wurde, als Bomben auf die Domstadt fielen. Der Mann, der in den 1970er-Jahren bei der Bild-Zeitung als Hans Esser die Machenschaften des Boulevardjournalismus enthüllte, der als Türke Ali erlebte, wie es in Deutschland ganz unten ist, der im Lauf seiner sieben Lebensjahrzehnte viele Rollen mit den Verlierern der Gesellschaft geteilt hat, arbeitet unermüdlich. Er setzt den Großen und Mächtigen zu. Immer wieder schlüpft er in Rollen, arbeitet undercover, nähert sich mit Verkleidungen seinen Recherche-Zielen. ›Wallraffen‹ ist als Bezeichnung für seine Art der journalistischen Arbeit ins Schwedische und Norwegische eingegangen.

Wenn er Kraft schöpfen möchte, erholt er sich am Flüsschen Dhünn, wo er als Kind spielte, oder am Märchenwald in Altenberg, wo er seiner Oma half, Souvenirs zu verkaufen. »Es ist seltsam, dass es einen immer wieder zu denselben Orten zieht«, sagt Wallraff. Die Rausmühle in Wermelskirchen ist für ihn so ein Ort. »Da herrscht eine Atmosphäre, in der ich mich geborgen fühle. Auch wenn es mir schlecht geht, gönne ich mir den Weg dahin, lade auch schon mal andere ein. Und dann lassen wir es uns schmecken. Ich kenne kein anderes Lokal, wo ich mich so wohlfühle. Das hat etwas, das ist verwunschen.« Seit Anfang 1960 wird die Mühle, deren Grundstein seit rund 500 Jahren liegt, als Schankwirtschaft und Speisegaststätte geführt.

Der Weg von Altenberg das Eifgenbachtal hinauf, vorbei an der Markusmühle bis zur Rausmühle ist eine seiner liebsten Wanderstrecken. Gern führt er Gäste dorthin. Wallraff selbst macht die Wegstrecke nichts aus. »Deshalb laufe ich meistens sportlich nach Altenberg zurück und hole den Wagen. Das ist ein Genuss.«

Die Rausmühle bietet auch Deftiges an. Ein Beispiel: gebratene bergische Blutwurst mit Kartoffelpüree, Schmorzwiebeln, Äpfeln und hausgemachtem Senf.

DAS OBERBERGISCHE

SIEHT AUS WIE KANADA, IST ABER ECHT BERGISCH: DIE LINGESETALSPERRE.

6K
D-5491
LUFTSPORT-CLUB DÜMPEL /// AUF DEM DÜMPEL ///
51702 BERGNEUSTADT /// 0 27 63 / 75 96 /// WWW.LSC-DUEMPEL.DE ///

WO DIE FREIHEIT WOHL GRENZENLOS IST

Bergneustadt – Flugplatz Auf dem Dümpel

44

Auf dem etwas verwitterten Wandgemälde steht ›Sinnvolle Freizeit ... Segelfliegen‹. Absender dieser Aussage: der SFC Bergneustadt. Den Verein gibt es nicht mehr. Er hat sich mit dem Luftsportverein Oberberg zum Luftsport-Club Dümpel zusammengetan. Dass Segelfliegen aber eine sinnvolle Freizeitbeschäftigung ist, daran hat hier oben niemand einen Zweifel.

Es ist ein windiger Ort mit erstklassiger Sicht bis weit hinein ins gleich östlich beginnende Sauerland. Warum die Einheimischen von dort ihre Gegend als ›Land der tausend Berge‹ bezeichnen, ist vom Dümpel aus zu erahnen. Und wer sich mit einem Segelflieger in die Höhe schwingt – dorthin, wo die Freiheit wohl grenzenlos ist – sieht Berge, Berge, Berge, viel Grün und das Wasser all der vielen Talsperren, die charakteristisch sind für das Bergische Land.

600 mal 30 Meter misst die Grasfläche der Start- und Landebahn. Gebühren werden für die Flieger keine erhoben, wohl aber sind Spenden gern gesehen. Segelflieger, die hier starten, haben schon Strecken von 800 Kilometern geschafft.

Auf dem Dümpel herrscht regelmäßig am Wochenende und an Feiertagen Betrieb. Allerdings nicht im Winter. Manchmal zwingt der Schnee bis in den April hinein zur Pause. Meistens fangen die Bergneustädter gegen 9.30 Uhr gemeinschaftlich mit der Fliegerei an. Wer später kommt, reiht sich entsprechend ein, eigentlich ist immer ein Flugzeug verfügbar.

»So gibt es für Interessierte immer Möglichkeiten, mit unseren erfahrenen Piloten mitzufliegen«, teilt der Verein mit. Der Klub verschmäht die motorisierten Flieger aber nicht. Acht ehrenamtlich tätige Fluglehrer bilden die Schüler auf Motorflugzeugen und Motorseglern aus. Die Ausbildung für Motorsegler erfolgt auf der SF25B Falke – im Vereinsjargon wird sie aufgrund ihrer Eleganz und Leistungsfähigkeit gern ›Kuh‹ genannt.

Am dritten Juni-Wochenende lädt der Verein zum Flugplatzfest ein. Zu den besonderen Attraktionen gehören Rundflüge mit Oldtimern und Hubschraubern.

EINMAL IM JAHR, AM DRITTEN ADVENT, ÖFFNET DIE CHRISTKIND-POSTFILIALE.

CHRISTKINDPOSTFILIALE /// ENGELSPLATZ 2 ///
51777 ENGELSKIRCHEN /// WWW.DEUTSCHEPOST.DE ///

HIER SCHREIBT DAS CHRISTKIND BRIEFE

Engelskirchen – Christkind-Postamt

45

Birgit Müller (52) ist eine Helferin des Christkinds. Seit über 20 Jahren antwortet die Engelskirchenerin auf Briefe, die Kinder aus Deutschland, aber auch der ganzen Welt, an das Christkind schreiben.

Wo diese Briefe ankommen? Im oberbergischen Engelskirchen natürlich. In den 1980er-Jahren fischte die Post die ersten Kinderbriefe aus den Briefkästen, die ›an das Christkind bei den Engeln‹ adressiert waren. Weil sie sie nicht wegwerfen wollten, schickten Postmitarbeiter diese Briefe in die Gemeinde mit dem passenden Namen. Engelskirchen. Dort erbarmte sich eine Kollegin. Sie öffnete die Briefe und schrieb zurück.

Sie brachte einen Stein ins Rollen. Immer mehr Kinderbriefe trafen in Engelskirchen ein. Die Mitarbeiter antworteten nach Dienstschluss und an den Wochenenden. Holten ihre Ehefrauen, Männer und Nachbarn zur Hilfe. Eine von ihnen war Birgit Müller. Doch irgendwann konnten die Ehrenamtler die Briefflut nicht mehr bewältigen.

Heute kommen in der Weihnachtszeit bis zu 12.000 Briefe am Tag. Aus den Ehrenamtlern sind von der Post bezahlte Saisonarbeiter geworden. Das Christkind hat eigene Briefmarken und Sonderstempel. Die Kinder bekommen eine vorgefertigte, schön gestaltete Standardantwort, erzählt Birgit Müller. Mehr wäre nicht zu schaffen.

Die Helferin rührt an, wie viel Mühe sich die Kinder geben. Sie basteln, malen und denken sich Geschichten aus. Ihre Wünsche sind wenig materiell, zumindest nicht für sich. Da wünscht sich ein Kind ein neues Hörgerät für die Oma, ein anderes, dass seine Mutter nicht so viel arbeiten muss. »Die Kinder denken nicht an sich«, sagt Birgit Müller. »Sie sind weltoffen, machen sich Gedanken über die Umwelt und den Frieden in der Welt.«

Inzwischen schreiben auch Erwachsene an das Christkind. Die Briefe, so erzählen seine Helferinnen, machen die Welt ein bisschen weniger einsam.

Wer seinen Wunsch schicken möchte, schreibt ›An das Christkind, 51777 Engelskirchen‹. Briefe, die bis zum 22. Dezember ankommen, werden beantwortet.

SCHLOSS EHRESHOVEN /// EHRESHOVEN 23 ///
51766 ENGELSKIRCHEN /// 0 22 63 / 30 21 ///
WWW.STIFT-EHRESHOVEN.DE ///

DIE KULISSE ZÄHLT

Engelskirchen – Schloss Ehreshoven

46

Der junge Mann drückt seinem Kumpel sein Handy in die Hand. »Fotografier' mich mal hier vor dem Eingang!« Er posiert mit herrschaftlichem Lächeln. Dann schaut er hinunter in den Wassergraben: »Ist da nicht die Tanja reingefallen?«

Ganz klar, die beiden sind Fans der Fernsehserie ›Verbotene Liebe‹. Für sie heißt das Wasserschloss im Hintergrund Königsbrunn. Und Tanja ist die Seifenoper-Gräfin. Seit vielen Jahren dient Schloss Ehreshoven in Engelskirchen als Kulisse für die ARD-Serie.

Doch wie im Fernsehen auch müssen sich die ›Verbotene Liebe‹-Fans in Ehreshoven mit der Außenansicht begnügen. Das Schloss und die barocke Parkanlage sind nicht öffentlich zugänglich. Auch der Blick in den Innenhof mit den zahlreichen Magnolienbäumen ist nicht immer möglich. Er lohnt sich jedoch besonders im Frühling – die Blütenpracht ist fantastisch!

Das Wasserschloss mit Herrenhaus und Vorburg stammt aus dem 14. Jahrhundert. Bis 1920 gehörte es der Familie Nesselrode. Die letzte Gräfin blieb unverheiratet. Sie vermachte das Anwesen der Rheinischen Ritterschaft mit der Auflage, in Ehreshoven ein Damenstift für ›bedürftige, katholische, adlige Fräuleins‹ einzurichten. Bis heute ist in einem Teil des Schlosses ein Stift untergebracht.

Die restliche Anlage wird vielfältig genutzt – und auch vermietet. Für Konzerte der auf dem Gelände untergebrachten Akademie für Musik und Literatur, Familienfeiern oder Firmenevents. Das Schloss verfügt über mehrere Gästehäuser, und ein Teil der ausgedehnten Ländereien wird für Offroad-Events zur Verfügung gestellt – Geländewagenfahrten durch den Wald und über Hindernisse.

Und so ist es keineswegs unmöglich, auch hinter die Kulissen von Schloss Ehreshoven zu schauen. Allein Gräfin Tanja werden die Besucher dort nicht antreffen.

Auf dem Schlossgelände ist auch die Moderationsakademie von Carmen Thomas untergebracht. Sie war die erste Moderatorin des aktuellen Sportstudios im ZDF.

VOR DER SCHWALBE-ARENA LIEGT DER HEINER-BRAND-PLATZ MIT SEINEN SPRINGBRUNNEN.

SCHWALBE-ARENA /// AM KERBERG 7 /// 51643 GUMMERSBACH /// 0 22 61 / 9 10 73 15 /// WWW.SCHWALBE-ARENA.DE ///

NEUE HEIMAT FÜR DIE TRADITION

Gummersbach – Schwalbe-Arena

47

Heiner Brand wohnt in einem etwas älteren Haus ein paar hundert Meter vom Zentrum der Kreisstadt Gummersbach entfernt. Im Obergeschoss sind die Räume der Versicherungsagentur untergebracht, die sein Vater aufgebaut hat, die er fortführte und die nun im Wesentlichen von seinem Sohn Markus getragen wird. Ein paar Steinwürfe (oder besser: Handballwürfe) entfernt vom Haus des größten Sohnes der Stadt liegt der Platz des Weltmeister-Trainers: der Heiner-Brand-Platz.

Gleich dahinter steht die Schwalbe-Arena, die dem traditionsreichen VfL Gummersbach seit dem 10. August 2013 als neue Heimat dient. Nach einem festlichen Umzug von der in die Jahre gekommenen Eugen-Haas-Halle an der Moltkestraße ging der Betrieb im neuen Handball-Heim des zweiterfolgreichsten deutschen Vereins (nach dem THW Kiel) los.

4.132 Plätze, davon 3.189 Sitzplätze, über 800 Stehplätze und acht Logen bietet die Schwalbe-Arena. Das ist guter Standard in der Handball-Bundesliga. Zeitweise lebte der VfL noch in ganz anderen Dimensionen, als er zu Topspielen mehr als 20.000 Besucher in die Köln-Arena lockte. Oder als er die Dortmunder Westfalenhalle an großen Europapokal-Abenden füllte. Doch es dauerte Jahre und Jahrzehnte, bis die Handballer, der Stolz der Region, eine angemessene Halle im Zentrum der Kreisstadt bekamen. Rund elf Millionen Euro kostete sie.

Die Arena steht – wie auch ein Einkaufszentrum, ein Zweig der Fachhochschule Köln, Firmen und Bildungseinrichtungen – auf dem 18 Hektar großen ehemalige Produktionsstandort der Kesselbauschmiede L&C Steinmüller. Über 120 Jahre war die Firma Steinmüller ein bedeutender Arbeitgeber für die Bewohner der Region. Familien haben über Generationen hinweg ›beim Steinmüller‹ gearbeitet. Zur Blütezeit des Unternehmens waren mehr als 3.000 Menschen dort beschäftigt.

Das unweit der Halle gelegene Brauhaus Gummersbach war bis 2002 Standort der Landeszentralbank. Die schwere Tresortür neben der Haupttheke erinnert daran.

EISENBAHNMUSEUM DIERINGHAUSEN /// HOHLER STRASSE 2 ///
51645 GUMMERSBACH /// 0 22 61 / 7 75 97 ///
WWW.LOEWENDAMPF.DE ///

UNTER DAMPF DURCHS WILDE OBERBERGISCHE

Gummersbach – Wiehltalbahn

48

Plötzlich hält der Zug mitten auf der Strecke. Der graue Rauch der Dampflok zieht wie Nebelschwaden an den Waggons vorbei. Halb geflüstert verbreitet sich unter den Fahrgästen die Botschaft, dass ein Baum auf dem Gleis liegt. »Gleich kommen die Banditen«, entfährt es einem Mann. Dann grinst er – und die Kinder, die ihn gerade noch mit großen Augen angeschaut haben, grinsen mit. Tatsächlich wäre eine Wild-West-Einlage zu viel der Inszenierung, die Dampflok ist aufregend genug. Und den Baum, eigentlich ein Bäumchen, hat einer der Zugbegleiter mit einem Astschneider in Minutenschnelle aus dem Weg geräumt.

Durchschnittlich einmal im Monat steht die Strecke der alten Wiehltalbahn zwischen Gummersbach-Dieringhausen und Wiehl unter Dampf. Immer sonntags pendeln die von der Dampflok ›Waldbröl‹ gezogenen Züge des Bergischen Löwen zwischen den beiden Bahnhöfen. Sie bescheren Familien einen ungewöhnlichen Ausflug, bringen Wanderer auf nicht ganz alltägliche Weise zu ihrem Ausgangspunkt.

Das Personal besteht aus Ehrenamtlern. Schaffner, Lokführer, Heizer – sie alle sind eisenbahnverrückte Männer und Frauen, die neues Leben auf die alte Strecke bringen wollen. Seine Modelleisenbahn verstaubt inzwischen auf dem Speicher, erzählt der Schaffner. Er hilft den Fahrgästen, die steilen Treppenstufen in die Waggons zu erklimmen, und geht dann durch den Zug, um die Tickets zu verkaufen.

Mühsam setzt sich die Dampflok am Bahnhof Dieringhausen in Bewegung. Sie ächzt und schnauft und pfeift. Sie macht einen Heidenkrach. Es dauert, bis der Zug in Fahrt kommt. Lange Zeit führt die Strecke durch Wald. Als die Lok den Zug in ein offenes Tal hineinzieht, kündigt sie sich mit einem schrillen Pfeifen an. Vor den Häusern und an Bahnübergängen stehen Menschen und winken fröhlich. Anwohner, Ausflügler, Autofahrer. Keine Banditen.

Eine Sonderfahrt legt der Bergische Löwe an Nikolaus ein. Mit Bescherung im Zug – und mit ein bisschen Glück mit Dampf im Schnee. Das sieht toll aus.

SEGELN AUF DER BEVERTALSPERRE:
DEN GANZEN SOMMER HERRSCHT LEHRBETRIEB.

CAMPING GROSSBERGHAUSEN /// GROSSBERGHAUSEN 18 ///
42499 HÜCKESWAGEN /// 0 21 92 / 72 27 ///
WWW.BEVERTALSPERRE.EU ///

HOCHBETRIEB AUF DEM WASSER

Hückeswagen – Bevertalsperre

49

Samstags wird der kleine Streifen Rasen vor dem Campingwagen gemäht. Mit etwas Geknatter und im Feinripp-Unterhemd. Samstags wird auch gehämmert. Einer schlägt Holzbalken für eine Pergola zusammen, der andere klopft sein Schnitzel platt. Freizeit auf dem Campingplatz an der Bevertalsperre bedeutet auch Arbeit. Irgendetwas ist immer zu tun. Und große Baumärkte sind ja auch nicht weit entfernt. Samstags sind die Dauercamper alle da. Sie kommen zum Großteil aus Wuppertal und den angrenzenden Großstädten. Die Fahnen von Deutschland, NRW und der DLRG flattern im Wind.

Es herrscht Hochbetrieb. Nicht nur an Land, sondern auch auf dem Wasser. Mit einem Horn gibt der Segellehrer seiner Gruppe Anweisungen. Ein Katamaran-Segler zieht mit rasanten Kurven auf einer Kufe die Aufmerksamkeit auf sich. Angler suchen nach Plätzen, Surfer und Taucher kommen sich in die Quere. Die Besatzungen von zwei Tretbooten spritzen einander nass. Kinder schmieren ihre Beine mit Matsch ein. Und am Ufer umschlingen sich jugendliche Pärchen und gönnen sich Biermixgetränke.

Die Bevertalsperre wurde Ende des 19. Jahrhunderts errichtet. Sie dient nicht der Trinkwasserversorgung, sondern dem Hochwasserschutz. Praktisch alle Arten von Wassersport sind erlaubt, außer Motorbootfahrten. Wer allerdings sein Gummiboot aufblasen und zu Wasser lassen möchte, muss auf einem der Campingplätze eine Nutzungsplakette kaufen.

Vier Badeplätze gibt es an der Bevertalsperre. Warum einer davon ›Zornige Ameise‹ heißt, erschließt sich schnell, wenn man dort gerade seine Decke ausgebreitet, sein Buch ausgepackt hat und es sich gemütlich machen möchte. Die Biester können ziemlichen Ärger machen. Revierkämpfe zwischen Badegästen und Ameisen toben hier den ganzen Sommer über – begleitet von spitzen Schreien und wüsten Beschimpfungen.

Die urige Gaststätte ›Zornige Ameise‹, ein in der Region bekannter Bikertreff, bietet eine Terrasse, die bis ins Wasser hineinreicht.

DIE JAZZ-BRÜDER AUS HÜCKESWAGEN

Julian und Roman Wasserfuhr

9/11

Man muss kein Jazz-Kenner sein, um bei diesem Klang aufzuhorchen. Julian Wasserfuhr entlockt seiner Trompete unendlich warme, weiche Töne. Sie sprechen von Melancholie und tiefen Gefühlen, von Weite und der Erfahrung eines langen Lebens.

Denkste. Gerade mal Mitte 20 ist dieser Jazz-Trompeter. Als er seine erste CD aufnahm, eine Hommage an Chet Baker, war er 17. Der Pianist, der seinem Spiel Rückhalt gibt, der die Melodien mit intuitivem Verständnis aufnimmt, der der Musik Kraft und Leichtigkeit gibt, ist sein knapp drei Jahre älterer Bruder Roman.

Die Wasserfuhr-Bruder aus dem oberbergischen Hückeswagen sind mit Musik aufgewachsen. Die Mutter ist Sängerin, der Vater Musiklehrer und Dirigent. Wenn andere Jungs Fußball spielten, machten Roman (Jahrgang 1985) und Julian (Jahrgang 1987) zusammen Musik. Natürlich gab und gibt es Streit unter Geschwistern. Doch sie kennen und verstehen einander vermutlich so gut wie wenige Musiker.

Julian war immer der jüngste – der jüngste Teilnehmer bei ›Jugend musiziert‹, der jüngste Jungstudent im Fach Jazztrompete an der Kölner Musikhochschule. Doch den Wunderkind-Status, das Etikett ›Young German Jazz‹, haben die Wasserfuhr-Brüder nicht erst mit Abschluss ihres Musikstudiums hinter sich gelassen. Sie sind gefragte Gäste bei internationalen Jazz-Festivals, haben mit ›Running‹ gerade die vierte CD veröffentlicht. Sie enthält überwiegend eigene Kompositionen. Auf der Bühne und dahinter präsentieren sie sich als erwachsene junge Männer, die wissen, was sie wollen: gemeinsam musizieren.

Ihre Musik führt sie in die Welt hinaus. Ohne diese Erlebnisse gibt's keine neue Musik, sagen sie. Doch der Mittelpunkt ihres Kosmos, ihre Bodenhaftung, ist Hückeswagen. »Wir sind halt Landeier«, sagt Roman Wasserfuhr. Das ist die eine Seite. Die andere: Die Jazz-Welt weiß jetzt, wo Hückeswagen liegt.

Schauspieler Matthias Brandt über die Wasserfuhrs: »Ich mag den Mut zur Einfachheit, den die beiden besitzen. Das muss man sich trauen.«

BERGISCHES FREILICHTMUSEUM LINDLAR /// HEILIGENHOVEN ///
51789 LINDLAR /// 0 22 66 / 9 01 00 ///
WWW.BERGISCHES-FREILICHTMUSEUM.LVR.DE ///

EINE LANDPARTIE

Lindlar – Bergisches Freilichtmuseum

50

Meine Schulzeit steht im Museum. Generationen von Wermelskirchener Mädchen und Jungen machten nach dem Unterricht am Büdchen am Markt Halt, um sich mit Süßigkeiten und Wassereis einzudecken. Jenem quietschbunten gefrorenen Zuckerwasser, dessen Plastikverpackung einem die Mundwinkel aufschlitzte. Seit 2010 ist der Kiosk mit Spitzdach, Schieferverkleidung und grünen Schlagläden Teil des Bergischen Freilichtmuseums in Lindlar.

Hinter dem Verkaufstresen steht Ute Honerkamp. Sie verkauft, fast wie damals, Ahoi-Brause, Kaugummi-Zigaretten, weiße Mäuse und Gummibärchen für zehn Cent das Stück. Nostalgie pur. Das kommt gut an, erzählt sie lachend, auch bei den Kindern von heute.

Der Kiosk ist der kleinstädtische Farbtupfer in der dörflichen Atmosphäre des Museums. Denn es widmet sich vor allem dem Landleben, so wie es vor 100 Jahren war. Alte bergische Bauernhäuser, Ställe und Handwerksbetriebe hat der Landschaftsverband Rheinland über die Jahre in der ganzen Region vor dem Abriss bewahrt und originalgetreu in Lindlar wiederaufgebaut.

Entstanden ist ein großes Dorf zwischen Wiesen und Nutzgärten. Das Museum zeigt zum Erleben und Anfassen, wie die Menschen sich und ihre Nachbarn versorgten, wie sie Brot backten, die große Wäsche machten und Fleisch räucherten, wie sie mit Tieren unter einem Dach lebten. Natürlich gibt es sie auch im Museum, diese Tiere: weiße Ziegen, Kaltblüter-Pferde, Kühe und Hausschweine. Und an vielen Tagen begeben sich Museums-Mitarbeiter auf eine Zeitreise: Sie leben in den alten Häusern wie die Menschen aus früheren Zeiten, arbeiten auf dem Feld mit Pferd und Pflug oder führen ihre alten Handwerkskünste vor.

Die Besucher können ihnen dabei zusehen und oft auch mitmachen. Dann erleben sie, wie aus der oberbergischen Dorfidylle harter Alltag wird.

☞ Zum Museumsangebot gehören auch Thementage (Schafschur, Brezelbacken, Schmieden), Märkte und Kurse sowie Seminare für alle Altersgruppen.

HIER WIPPT DIE WIPPER ÜBER STOCK UND STEIN. ERST SPÄTER WIRD SIE ZUR WUPPER.

ZUR WUPPERQUELLE /// ZUR WUPPERQUELLE 36 ///
51709 MARIENHEIDE /// 0 23 54 / 20 75 ///
WWW.WUPPERQUELLE-INFO.DE ///

DIE BERGISCHE URSUPPE

Marienheide-Börlinghausen – Wupperquellen

51

Ein grünes Plastikschippchen dümpelt im trüben Tümpel. Farn umrankt das stille Gewässer. Auf einem Stein steht ›Wupperquelle‹. Hier also entspringt der wichtigste Fluss des Bergischen Landes. Der Fluss, der die Landschaft prägt, der die wirtschaftliche Entwicklung in früheren Jahrhunderten ermöglicht hat und in dessen Einzugsgebiet fast eine Million Menschen leben. Dieser trübe Teich ist so etwas wie die bergische Ursuppe.

Tatsächlich ist diese Wupperquelle gar nicht die wirklich wahre Quelle. Hier sammelt sich nur das Wasser aus mehr als 30 Quellen, die sich in einem geschützten Gebiet etwas oberhalb befinden. Die Wupper entspringt dort in einem kleinen Wäldchen, das Blumenwiesen umrahmen. Hier oben im Ebbegebirge findet sich eine reichhaltige Tier- und Pflanzenwelt. Der Witzheldener Filmemacher Sigurd Tesche ist vielleicht an diesem Ort auf die Idee gekommen, den Fluss als ›bergischen Amazonas‹ zu bezeichnen.

Scharen von Touristen verirren sich hierhin nicht gerade. Dabei gibt es neben der Wupperquelle noch eine Besonderheit in der Ortschaft Börlinghausen. Die Bewohner haben zahlreiche Stangen von Verkehrsschildern umhäkelt, zum Beispiel mit Vereinsfarben und Logo von Hertha BSC Berlin. Interessant, dass es im Bergischen Menschen mit einer Vorliebe für den Hauptstadt-Fußballklub gibt. ›Zur Wupperquelle‹ heißt auch das erste und einzige Haus mit Gastronomie am Platz. Es wirbt für seine ›deutsche Küche‹, die aus Toast Hawaii und Schwabenteller besteht.

Die Wupper macht sich von hier auf ihren 117 Kilometer langen Weg bis zur Mündung in Leverkusen-Rheindorf. Auf dem ersten Abschnitt heißt sie noch Wipper und sorgt dabei für ein paar hübsche Ortsnamen: Klaswipper etwa, Holzwipper, Schmitzwipper und Böswipper.

Von der Wupperquelle ist es nicht weit zum Unnenbergturm, dem höchsten Punkt der Region. Von dort bietet sich eine Aussicht bis zum Siebengebirge.

DER FLUSS DER BERGISCHEN

Die Wupper

Die Wupper ist der Fluss des Bergischen Landes. Er wird besungen und beschrieben, war Segen und Fluch, ist Namensgeber von Städten, Einrichtungen und Vereinen. Und er prägt Redensarten. Im Bergischen Land geht man nicht über den Jordan, wie es biblisch heißt, wenn das Leben zu Ende ist, sondern über die Wupper.

Eine Erklärung dafür ist, dass Elberfeld einst einen Friedhof am anderen Ufer der Wupper hatte. Eine andere knüpft an das Wuppertaler Gerichtsgebäude an, das auf einer Insel im Fluss liegt. Wer seiner Verurteilung entgegengeht, geht eben über die Wupper.

Als ›Wipper‹ entspringt der bergische Fluss in Marienheide-Börlinghausen. Er gibt zunächst der Hansestadt Wipperfürth seinen Namen und später, nachdem er zur Wupper geworden ist, der Großstadt Wuppertal. Und weil in seinem Quellgebiet so viele Bächlein zusammenfließen, ist man sich auch über die offizielle Länge des Flusses nicht ganz einig. Der eine Geschichtsschreiber macht ihn etwas länger, der andere etwas kürzer – zwischen 110 und 120 Kilometern jedenfalls schlängelt sich die Wipper-Wupper durchs Bergische Land.

Urkunden aus dem Mittelalter belegen, dass einst der ganze Fluss bis zu seiner Mündung Wipper hieß. Die Herleitung des Namens ist umstritten. Womöglich kommt sie davon, dass das Bächlein in seinem Anfang über die Steine wippt – hüpft, springt und gluckert.

Jahrhundertelang war der Fluss die Lebensader der Region. An ihren Ufer blühte die Textilindustrie. Für sie lieferte der Fluss Energie und Wasser. Auf den feuchten Wiesen fühlten sich die Merinoschafe wohl, die die begehrte Feinwolle lieferten. Die Wasserkraft trieb Mühlen, Spinnereien und Webstühle an. Hückeswagen, Radevormwald und Wuppertal – damals noch Barmen und Elberfeld – wurden zu Hochburgen eines Industriezweigs, der dem Bergischen Land bis ins 20. Jahrhundert zu Ansehen und Wohlstand verhalf. Der Herzog von Berg hatte den Gemeinden Barmen und Elberfeld schon 1527 die sogenannten Garnnahrung verliehen – ein Exklusivrecht für die Garnbleichung. Das weiche Wasser bot optimale Voraussetzungen zum Bleichen und Färben.

Mit der Industrialisierung im 18. und 19. Jahrhundert siedelten sich immer mehr Textilfabriken am Wasser an, hinzu kamen metallverarbeitende Betriebe – und die Kehrseiten wurden offenbar. Für den Fluss und die Menschen, die an und von ihm lebten. Die Wupper wurde ein totes, stinkendes Gewässer, an dessen Ufer sich Epidemien ausbreiteten. Das Milieu der Textilarbeiter und ihre Armut beschreibt die Wuppertaler Schriftstellerin Else Lasker-Schüler (1869–1945) in ihrem Schauspiel ›Die Wupper‹.

Noch bis in die 1970er-Jahre galt die Wupper als einer der am stärksten verschmutzen Flüsse Europas. An Fischfang war schon lange nicht mehr zu denken. Unvorstellbar, dass die Stadt Wuppertal heute wieder Angelscheine ausstellt, Forellen und sogar Lachse in der Wupper heimisch sind. Sie kommen zum Laichen vom Rhein bis zum Beyenburger Stausee.

Heute bringt die Wupper wieder Leben in die Region. Nicht als Fluss, der die Industrie antreibt, sondern der den Menschen Wohlbefinden und Freizeitvergnügen bereitet. Naturfreunde suchen an seinem Ufer nach dem Eisvogel, Dachs oder einem schwarzen Storch. Sportliche paddeln mit Kanus über die Wupper oder radeln auf dem Weg zum Rhein an ihrem Ufer entlang. Jugendliche finden im Sommer Abkühlung an den Badestellen der Wupper-Talsperre zwischen Remscheid und Radevormwald. Im Brückenpark unter der Müngstener Brücke, Deutschlands höchster Eisenbahnbrücke, spielen Kinder im seichten Wasser.

Am Ende der Wupperreise warten Einigkeit, Recht und Freiheit. So heißen die drei Schiffe, die zusammen eine Brücke über den Fluss bilden. Nach fast 120 Kilometern mündet die Wupper bei Leverkusen-Rheindorf in den Rhein.

PARKPLATZ AM RATHAUS /// BAHNHOFSTRASSE /// 51597 MORSBACH /// WWW.MORSBACH.DE ///

BIS ZUM SÜDPOL SIND ES 15.630 KILOMETER

Morsbach – mitten im bergischen Wanderland

52

Wer nach Morsbach kommt, muss schwindelfrei sein. Denn es gehört zum Pflichtprogramm, den 30 Meter hohen Aussichtsturm auf der Hohen Hardt, dem Hausberg der Morsbacher, zu erklimmen. 168 Stufen über eine offene Wendeltreppe können sich für manchen als echte Herausforderung erweisen. Oben belohnt ihn ein schöner Ausblick über den Hauptort der Gemeinde, in der insgesamt rund 11.700 Menschen leben.

In der anderen Richtung verliert sich der Blick in der dichtbewaldeten Hügellandschaft. Ob die Erbauer des Turms das Fernweh wecken wollten, als sie in die Orientierungstafeln oben auf der Plattform auch den Südpol aufnahmen? 15.630 Kilometer sind es demnach bis dort.

Doch die Besucher von Morsbach haben andere Ziele vor Augen. Die Gemeinde liegt mitten im Wanderland. So beginnt dort die zehnte Etappe des Bergischen Panoramasteigs. Dieser Rundwanderweg macht auf 244 Kilometern eine großen Schleife durch den Naturpark Bergisches Land. Der Abschnitt von Morsbach nach Waldbröl führt am Wisser Bach entlang, über Wege und durch Wälder, in denen man nur wenigen Menschen begegnet. Es ist eine Tageswanderung – etwa sieben Stunden muss man für die 21,2 Kilometer einplanen.

Wer es nicht ganz so anstrengend möchte, sucht sich die Maus – die mit der Sendung – als Wanderführerin. Die Zeichentrickfigur begleitet große und kleine Spaziergänger auf dem Baumweg rund um Morsbach. Sie erklärt auf einer der acht Tafeln am Wegesrand beispielsweise, warum Linden früher ›Kaffeetrinkerlinden‹ hießen oder was man aus Wacholder herstellen kann. Natur- und Kulturkunde am Wegesrand – so vergeht der zweieinhalbstündige Spaziergang fast wie im Flug.

Am Ende wünschen sich die Wanderer, dass auch in Morsbachs Ortsmitte eine Linde stünde, unter der sie sich – wie die Dorfbewohner früher – stärken könnten. Zum Glück gibt's eine Eisdiele.

Der ›Baumweg‹ wird als Streifzug 24 mit Karte und Anfahrtsbeschreibung auf der Internetseite www.bergisches-wanderland.de beschrieben.

DER HEXENWEIHER LIEGT SÜDLICH DES ORTES NÜMBRECHT, GANZ IN DER NÄHE DES SCHLOSSES HOMBURG. IM ›NAVI‹ AM BESTEN DIE ORTSCHAFT SPREITGEN ALS ZIEL EINGEBEN.

TOURISTENINFORMATION /// 51588 NÜMBRECHT /// 0 22 93 / 30 23 02 /// WWW.NUEMBRECHT.DE ///

GRUSELIGE GEHEIMNISSE

Nümbrecht – Hexenweiher

53

Schloss Homburg grüßt von der Höhe. Die gelb gestrichene Burg ist weithin sichtbar, das kulturhistorische Museum erzählt aus der Ritterzeit, und wenn dort ›Best of Mozart‹ im Frühherbst unter freiem Himmel gegeben wird, klingt das Oberbergische besonders eindrucksvoll. Der Klangpfad – ein beschilderter Wanderweg, der dazu animiert, auf die Geräusche der Natur zu achten – lädt indes das ganze Jahr über ein.

Vom Schloss Homburg führt der Weg zur Ortschaft Spreitgen. Dort geht es vorbei an einem Hof mit einer prächtigen Kastanie, dann über einen von Blumen gesäumten Wiesenweg, immer talwärts. Linker Hand, hinter dem Gestrüpp kaum zu erkennen, liegt der Schwarze Weiher. Wer ans Wasser will, sollte unterhalb des Teichs den beinahe zugewachsenen Trampelpfad suchen.

In der Talsenke liegt der deutlich größere Hexenweiher, der auch als Angelgewässer genutzt wird. Über beide Gewässer heißt es, dass ihre finstere Geschichte bis weit ins Mittelalter zurückgeht. Zu der Zeit soll man dort Frauen, die man als Hexen enttarnen wollte, gefesselt ertränkt haben. Schwammen sie nach dem Wurf ins Wasser an der Oberfläche, so wurden sie als Hexen identifiziert und im Anschluss verbrannt. Schwammen sie nicht oben, waren sie unschuldig, aber gleichermaßen tot.

Bei einem Sommerspaziergang wirkt die Geschichte von den unschuldigen Frauen auf dem Grund der Teiche ein wenig wunderlich, mehr nicht. An nasskalten, trüben und dunklen Novembertagen stellt sich die Szenerie wohl etwas gruseliger dar.

Historisch verbürgt ist auf jeden Fall, dass auf Schloss Homburg Hexenprozesse stattgefunden haben. So wurden am 14. September 1631 sechs Frauen aus dem Oberkirchspiel aufgrund einer solchen Anklage hingerichtet. Sie wurden gnädigerweise enthauptet, da sie ›freiwillig‹ und noch über die Anklage hinaus ›gestanden‹ hatten.

Vom Hexenweiher ist es nicht weit bis zur Tropfsteinhöhle in Wiehl. Das ist ein Klassiker unter den Zielen für Klassenausflüge in der Region.

JUGENDHERBERGE RADEVORMWALD /// TELEGRAFENSTRASSE 50 /// 42477 RADEVORMWALD /// 0 21 95 / 68 88 11 /// WWW.JUGENDHERBERGE.DE/JUGENDHERBERGEN/RADEVORMWALD461/PORTRAET ///

DIE ZWEITÄLTESTE JUGENDHERBERGE DER WELT

Radevormwald – Jugendherberge

54

Auf Strohsäcken und in Schlafsälen schlafen die Gäste der Jugendherberge Radevormwald nicht – auch wenn sie die zweitälteste der Welt ist. Der Komfort der Moderne hat längst Einzug gehalten. Jedes der 28 Zimmer hat ein eigenes Bad, Kartoffelschälen gehört nicht mehr zu den Pflichten der Gäste. Und im Keller gibt's neben der obligatorischen Tischtennisplatte eine Disco.

Im Frühstücksraum blickt Robert Schirrmann aus einem Gemälde auf die Gäste hinab. Ob ihnen bewusst ist, dass sie ihm den Aufenthalt hier zu verdanken haben? Der Lehrer war mit Schülern auf Wanderung, als sie in Bröl im Rhein-Sieg-Kreis von einem Gewitter überrascht wurden. Ein Bauer wies die Gruppe ab – sie flüchtete in die Dorfschule und übernachtete dort. An diesem 26. August 1909 entwickelte Schirrmann die Jugendherbergsidee: preisgünstige Unterkunft für Jugendliche auf Wanderschaft zu schaffen. In Altena gründete er noch im selben Jahr die erste Jugendherberge der Welt. Radevormwald folgte am 1. Juli 1910.

Bis aus Herbergen in Schulgebäuden eigenständige Gästehäuser wurden, vergingen ein paar Jahre. Der älteste Teil der Rader Herberge stammt aus den 1920er-Jahren. Der jüngste wurde 2002 eröffnet – Abschluss einer umfassenden Modernisierung.

»Die Idee der Gründer war es, Menschen zusammenzubringen«, sagt Herbergschefin Claudia Weber. »Das tun wir immer noch.« Gleichwohl mit ganz anderem Aufwand als früher: Schulklassen buchen ein pädagogisches Programm. Dabei lernen die Kinder, dass es im Team besser geht – ob bei einer Abenteuerrallye oder in den Wipfeln eines Klettergartens. Auch mit der Herbergsmutter von einst, die Eintopf für ihre Gäste kochte, hat Hausmanagerin Weber wenig gemein. Doch eines hat sich in der zweitältesten Jugendherberge der Welt in über 100 Jahren nicht verändert, sagt Weber: »Der enge Kontakt zu den Gästen ist das Wichtigste.«

126 Betten hat die Rader Herberge. Nicht nur Klassen, auch Familien, Einzelreisende, Wandergruppen und Vereine sind dort gern gesehene Gäste.

GUT VERSTECKT: ZUR SCHANZE FÜHREN NUR EIN PAAR PFADE.

WINTERSPORTGEBIET BLOCKHAUS /// BLOCKHAUS ///
51580 REICHSHOF-ECKENHAGEN /// SCHNEETELEFON: 0 22 65 / 3 45 ///
WWW.WINTERSPORT-IM-BERGISCHEN.DE ///

DIE SPRUNGSCHANZE IM WALD

Reichshof – Wintersportgebiet Blockhaus

55

Einen Sven Hannawald und einen Martin Schmitt hat das Bergische Land bislang nicht hervorgebracht. Die Zentren des Skisprungs liegen andernorts in Deutschland: im Schwarzwald, in Bayern, in Thüringen. Doch was wäre gewesen, wenn die Reichshofer ein bisschen mehr Durchhaltevermögen – und ein bisschen mehr Schnee – gehabt hätten? Vielleicht hätten sie teilhaben können an dem Boom, den die Sportart rund um die Jahrtausendwende erlebte.

Doch seit Jahrzehnten ist niemand mehr die Schanze hinuntergesprungen, die sich in einem Waldstück am kleinen Wintersportgebiet Eckenhagen-Blockhaus versteckt. Wer sich auf dem Wanderweg nähert, der unmittelbar an der Rampe vorbeiführt, denkt zunächst an einen etwas überdimensionierten Hochstand für Jäger. Schilder warnen davor, auf die betagte Holzkonstruktion zu klettern. Und wer nicht lesen kann oder will, den hält eine Stacheldrahtkonstruktion von einer Klettertour ab.

In den 1920er-Jahren bauten Wintersportler die erste Schanze an dem Hang. Das Gerüst, das jetzt noch an der Stelle steht, stammt von 1953. Auf der Walter-Peters-Schanze fanden über Jahre die Bezirksmeisterschaften der nordischen Skisportler statt. Bis zu 40 Meter flogen die Athleten. Das hört sich zwar mickrig an im Vergleich zu den Sätzen von 130 und mehr Metern, welche die Springer im Weltcup erreichen, doch wer entlang des Blockhauser Aufsprunghügels in die Tiefe schaut, bekommt schon Respekt vor den bergischen Burschen, die hier oft ihren Mut bewiesen haben.

Das kleine Skigebiet nebenan mit dem 400 Meter langen Lift mauserte sich zuletzt wieder zu dem, was es in den Nachkriegsjahren war: der Hausberg Kölns. Interessanter als die Alpinstrecke sind aber die Loipen, sieben Strecken sind im Wintersportgebiet Blockhaus-Belmicke ausgeschildert.

Die Fernloipe führt über 15,5 Kilometer von Blockhaus nach Belmicke. Die Strecke verläuft zum Teil über Hochplateaus mit einer schönen Aussicht.

DIE OLYMPIASIEGERIN AUS RADEVORMWALD

Heide Ecker-Rosendahl

Heide Ecker-Rosendahl ist eine gefragte Frau – nicht nur, wenn sie auf der Fritz-Jacobi-Anlage im Leverkusener Stadtteil Manfort auftaucht. Sie ist die größte Athletin der Region. Doppel-Olympiasiegerin 1972 in München, Ikone des deutschen Sports, eine aus der Liga der Skirennläuferin Rosi Mittermaier und der Tennisspielerin Steffi Graf.

Das Foto der jungen Weitspringerin Rosendahl mit Nickelbrille und Ringelsocken, die in den Münchner Sand fliegt, gehört zu den Klassikern der deutschen Sportfotografie. Genau wie ihr Spurt zur anderen Goldmedaille: Als Schlussläuferin der bundesdeutschen Sprintstaffel rang sie die deutlich höher eingeschätzte DDR-Athletin Renate Stecher nieder. Außerdem holte sie im Fünfkampf, den sie besonders liebte, die Silbermedaille.

Bunte Ringelsocken trägt sie heute nicht mehr. Sie bevorzugt klassische Kleidung. Den dunkelblauen Rollkragenpullover und einen dunkelgrauen Blazer hat sie gern an. Die Farben bilden einen Kontrast zum silbergrauen Haar. Und die Nickelbrille ist längst einem randlosen Modell gewichen.

Die Grundlagen für ihre Erfolge liegen tief im Bergischen Land. In Hückeswagen, wo Heide Rosendahl am 14. Februar 1947 geboren wurde. Mehr noch in Radevormwald. Die Eltern Rosendahl führten dort die Schule des Landessportbunds Nordrhein-Westfalen. Der Sportplatz auf dem Kollenberg war ihr Kinderzimmer. Als wäre es gestern, erinnert sie sich an die Läufe die Hänge hinab, bei denen sie sich eine hohe Schrittfrequenz angewöhnte. Das Gefühl für den Absprung beim Weitsprung holte sich die spätere Weltrekordlerin an Rasenkanten auf der Anlage in Radevormwald. Schon im Alter von 16 Jahren sprang sie sechs Meter weit. Und ganz nebenbei war sie auch eine erstklassige Skiläuferin. Auch im Wintersport hätte sie Karriere machen können.

☞ Heide Ecker-Rosendahl ist mit dem Ex-Bundesliga-Basketballer John Ecker verheiratet. Ihr Sohn Danny war einer der besten deutschen Stabhochspringer.

EINDRUCKSVOLLE BAUMKRONEN SIND IM NUTSCHEID ZU BEWUNDERN. EICHEN UND BIRKEN PRÄGEN DEN WALD.

BIOLOGISCHE STATION OBERBERG /// ROTES HAUS, SCHLOSS HOMBURG 2 /// 51588 NÜMBRECHT /// 0 22 93 / 9 01 50 /// WWW.BIOSTATIONOBERBERG.DE ///

OBERBERGISCH SKANDINAVIEN

Waldbröl – Nutscheid

Die beiden Wanderer lächeln. Sie waren erfolgreich bei ihrem Nachmittagsspaziergang durch den Nutscheid südlich von Waldbröl. Mit einem Eimerchen voller Heidelbeeren sind sie aus dem Wald zurückgekommen. An manchen Stellen stehen die Sträucher, die im Juli am besten tragen, so dicht, dass man sich vorkommt, als sei man irgendwo in Skandinavien und nicht mitten im Oberbergischen. Gerade auf den windigen Kuppen und auf den Sonnenseiten der Hänge dominiert Vaccinium myrtillus, wie die Experten die Heidelbeere nennen.

Die vielen Heidelbeeren und die Birken auf dem Nutscheid sind übrigens nicht die einzige Verbindung zwischen der bergischen Region auf der einen sowie Norwegen und Schweden auf der anderen Seite. Herzförmige Waffeln gelten hier wie dort als Grundnahrungsmittel.

Zurück zum Nutscheid, einem der größten Waldgebiete der Region. Es ist ein einsames Gebiet. Ein Platz für Waldmythen und Geschichten aus längst vergangenen Tagen. Über den Rücken des Höhenzugs verläuft von alters her ein Fernhandelsweg, der als Alte Straße, Nutscheidstraße oder Römerweg bezeichnet wird, auf dem aber heute kaum Verkehr herrscht.

Unmittelbar an diesem alten Handelsweg, der von Trier über Bonn nach Paderborn führt, befand sich auf dem Galgenberg im Mittelalter die Hinrichtungsstätte des Amtes Windeck. Allerdings soll hier nie der Tod durch den Strick vollzogen worden sein. Historische Quellen berichten allerdings von zwei Hinrichtungen durch ›Hauptabschlag‹: 1744 ein Falschmünzer und 1766 eine Mutter, die ihre eigenen Zwillinge ermordet hatte.

Noch heute lässt sich unmittelbar an der Alten Straße der Standort der Hinrichtungsstätte erahnen, die schon auf der Mercatorkarte von 1575 als Windecks Gericht bezeichnet wurde. Eine Hinweistafel markiert zudem die Stelle.

In Anlagen der Nutscheid-Kaserne waren im Kalten Krieg atomare Sprengköpfe stationiert, auch Flugabwehrraketen des Typs Nike Ajax, später Nike Herc.

ANNCHEN IST EINE NEUZÜCHTUNG DER FAMILIE BERGERHOFF.
GARTENCENTER BERGERHOFF /// AM BLUMENHOF 1 ///
51674 WIEHL /// 0 22 62 / 50 15 ///
WWW.GARTENCENTER-BERGERHOFF.DE ///

WIE AUS DER ACOCOTLI EIN ANNCHEN WURDE

Wiehl – Dahlienschau

57

Die Farbpalette ist groß: In vielfältigen Orange-, Lila-, Rosa-, Violett-, Rot- und Gelbtönen leuchten die Dahlien auf dem Gelände des Gartencenters Bergerhoff in Wiehl. Ab Mitte August verwandelt sich der Garten hinter der Verkaufsfläche in eine Freiluftausstellung, die täglich für jedermann zugänglich ist. Über 4.500 Blumen in 150 bis 250 verschiedenen Sorten blühen dort um die Wette.

1948 öffnete Otto Bergerhoff zum ersten Mal seinen Garten für Besucher. Seitdem ist die Tradition der Wiehler Dahlienschau ungebrochen. Die ursprünglich aus Mexiko stammenden Blumen hatten es Gärtnermeister Bergerhoff besonders angetan. Er zog sie nicht nur in seinen Beeten und Gewächshäusern, er züchtete selbst auch neue Sorten. Auf rund 80 Neuzüchtungen brachte er es Zeit seines Lebens. Sein Sohn Wilfried führte die Familientradition fort. Gut 170 Sorten tragen seinen Namen.

Wiehler Dahlien werden in großer Zahl in Holland angebaut. Sie schmücken bekannte Parks und Gärten in Deutschland, blühen auf der Insel Mainau und bei Bundesgartenschauen. Und natürlich zu Hause in Wiehl.

Der Bergerhoff'sche Garten ist eher schlicht gehalten. Doch die Vielfalt der Farben und Blütenformen lässt nicht nur Blumenfreunde staunen. Hier nicken tiefrote Blüten von der Größe eines Pingpongballs sanft im Wind. Dort leuchtet die Kaktusdahlie Annchen, eine Neuzüchtung der Familie Bergerhoff, in kräftigen Herbstfarben. Ihre Blüte ist viel größer als eine Kinderhand. In einem anderen Beet leuchten Blumen in zartem Violett, die der Laie nicht sofort als Dahlien identifizieren kann. Es sind Wildformen.

›Acocotli‹ nannten die Azteken diese Blumen. In Wiehl tragen sie Namen wie Musikdirektor Werner Koester, Mick's Peppermint, Siedlerfreude oder Oberbergische Postkutsche. Welche Farbe letztere hat? Da braucht man nicht mal dreimal zu raten: gelb.

Rat der Gärtner: Dahlienschnittblumen halten bis zu einer Woche in der Vase, wenn sie morgens früh voll erblüht geschnitten werden. Nebentriebe entfernen.

DER ALTAR IST AM BESTEN VON LINDLAR AUS ZU ERREICHEN.
DIE L 129 FÜHRT GERADEWEGS HIN.

TOURIST-INFORMATION /// MARKTPLATZ 1 /// 51688 WIPPERFÜRTH ///
0 22 67 / 6 43 19 /// WWW.WIPPERFUERTH.DE ///

SCHÖNE AUSSICHT FÜR DEN PRIESTER

Wipperfürth-Ommerborn – Altar

58

Die Ehrfrucht vor dem Altar hält sich in Grenzen. Dabei ist er mit seinen rund zwölf Metern Höhe bis zur Spitze des höchsten der drei Kreuze ja durchaus imposant. Von weither sieht man ihn. Doch in Ommerborn knattern ringsum die Motoren. Das schöne Wetter treibt die Landwirte zur Heuernte. Vor dem nächsten Regenguss – und der kommt hier oben mit großer Sicherheit ziemlich bald – muss das Heu ins Trockene. Für den Altar haben die Bauern kaum einen Blick. Anders die Gläubigen am ersten Sonntag nach Fronleichnam. Dann zieht die Sakramentsprozession hierher – und das schon seit den 1930er-Jahren.

Der Altar steht auf einem Höhenzug, der vom Tal der Wupper bei Wipperfürth ansteigt. Das Zentrum der Hansestadt liegt mehr als zehn Kilometer entfernt, nicht ganz so weit ist es bis Lindlar. Nordwestlich und südöstlich wird der Bergrücken von den Tälern der Kürtener Sülz und der Lindlarer Sülz begrenzt. Das benachbarte Kloster in Ommerborn, erbaut ab 1922, gehörte zum katholischen Eucharistinerorden. Der Altbau wurde von bis zu 80 Patres bewohnt. Im Neubau war ein Kinderheim untergebracht. Künftig soll es als Gruppenhotel genutzt werden, holländische Investoren haben es gekauft.

Vom Hof Ommerborn, der dem Ort den Namen gab, leitete sich auch der Namen des ›bergischen Helden‹ Johann Peter Ommerborn ab. Der Pastor führte 1795 einen Aufstand der bergischen Bauern gegen die Besatzungstruppen Napoleons an. Der Kult um seine Person und seine Taten wurden in der darauf folgenden preußischen Besatzungszeit und später bei den Nationalsozialisten überzogen und verklärend für die Propaganda des damals von der Obrigkeit angeordneten und geschürten Franzosenhasses missbraucht.

Auf der anderen Seite der Landstraße ist ein Wanderparkplatz. Dort beginnen einige Routen. Lohnend ist besonders der 17 Kilometer lange Rundweg Thier.

BERGISCHER RHEIN-SIEG-KREIS

DAS FLÜSSCHEN SIEG SCHLÄNGELT SICH GEMÜTLICH DURCH DIE LANDSCHAFT. KANUTEN FINDEN EIN IDEALES REVIER: HIER ZWISCHEN EITORF UND HENNEF.

ZUM ÜBEN: ABSCHLAG DER ERSTEN BAHN DES ›PAY & PLAY‹-PLATZES.

GUT HECKENHOF /// HECKERHOF 5 /// 53783 EITORF ///
0 22 43 / 9 23 20 /// WWW.GUT-HECKENHOF.DE ///

STARTPLATZ FÜR DIE GOLFKARRIERE

Eitorf – Gut Heckenhof

59

›Gut Heckerhof‹ steht auf dem Hinweisschild an der Abzweigung der Straße, die zur Reitanlage und zum Klubhaus des Golfplatzes führt. Heckerhof hießt auch der Stall. Die Golfer aber haben sich für Heckenhof entschieden. Nicht weil sie das Straßenschild oder die Landkarten nicht richtig lesen konnten, sondern weil ihnen das Wort ›Hecker‹ nicht gefiel. ›Hacker‹ (oder ›Häcker‹ gesprochen) ist im Englischen ein Ausdruck für einen Golfspieler, der den Ball eher selten, dafür häufiger den Rasen trifft. Und als solche wollten sich die durchaus ambitionierten Sportler oberhalb von Eitorf nicht bezeichnen lassen. So machten sie aus Hecker kurzerhand Hecken, als der Platz 1993 errichtet wurde.

Dabei haben die Betreiber doch ein Herz für die Laien, die Anfänger, die nicht in die Liga der Hochbegabten von Tiger Woods und Martin Kaymer, dem besten Deutschen, gehören. Sie bieten neben den 18-Loch-Plätzen eine der wenigen Anlagen an, auf denen sich Golf-Liebhaber (oder solche, die es werden wollen) auf richtigen Abschlägen, Bahnen und Grüns ausprobieren dürfen, ohne dass sie schon die ansonsten erforderliche Platzreife erworben haben oder überhaupt Vorkenntnisse besitzen müssten. ›Pay & Play‹ heißt das System, das in Nordamerika und in Skandinavien durchaus üblich ist. Heißt: hingehen, bezahlen, spielen.

Bis zu 120 Meter sind die sechs Bahnen lang. Das Gelände ist wellig, es gibt einige Sandbunker. Mit Minigolf hat die Angelegenheit ganz und gar nichts zu tun. Wer einmal einen Narren an dieser Sportart mit hohem Suchtfaktor gefressen hat, kann hier oder auf der benachbarten Driving Range den ganzen Tag spielen. Es ist ohnehin eine gute Idee, bis zum Abend auf dem Heckenhof zu bleiben. Der freie Blick nach Westen in Richtung der rheinischen Tiefebene bietet extrem romantische Sonnenuntergänge.

Das Bergische Land hat herausragende Golfer hervorgebracht: den Mettmanner Martin Kaymer, den Ratinger Marcel Siem und die Leichlingerin Sandra Gal.

IM NOSTALGISCHEN KASSENHÄUSCHEN WERDEN DIE EINTRITTSKARTEN VERKAUFT.

KUR-THEATER HENNEF /// KÖNIGSTRASSE 19 A /// 53773 HENNEF /// 0 22 42 / 86 67 27 /// WWW.KURTHEATERHENNEF.DE ///

EIN KINO, SO WIE ES SEIN SOLL

Hennef – Kur-Theater

60

Mehr Lob geht nicht: »Einfach das beste Kino der Welt«, schwärmt ein Stammgast nach einem Filmabend im Kur-Theater von Hennef. In einer Zeit, in der in vielen Städten Kinos zumachen, weil in der nächsten Großstadt Multiplex-Cinemas mit Riesenleinwand, 3D und Filmvielfalt locken, hat sich in der 45.000-Einwohner-Stadt Hennef ein Kino zur Kultmarke entwickelt.

Das Kur-Theater liegt am Ende einer Wohnstraße. »Bin ich hier richtig?«, fragt sich der Ortsfremde. Und weiß die Antwort spätestens, nachdem er die Glastür aufgestoßen hat. Ja. Es riecht nach Popcorn, doch XXL-Kübel sucht man im Kur-Theater vergeblich. Popcorn, Chips und Cola werden zu moderaten Preisen in einer Kabine aus Glas und mit Holzvertäfelung verkauft. Dieses Kino ist noch ein Kino, so wie es die Cineasten lieben. Kein unpersönlicher Hightech-Tempel. Das Kassenhäuschen erinnert an alte Filme.

Die Räume strahlen Nostalgie aus. Doch nichts ist verstaubt im Kur-Theater. Dass das traditionsreiche Haus, das 1938 eröffnet wurde, überhaupt noch existiert, ist einer privaten Initiative zu verdanken. Als sich 2003 der Betreiber aus Altersgründen zurückzog, übernahm ein Verein das Ruder. Dank der Beiträge von über 1.000 Mitgliedern hält er das Haus modern – auch 3D ist dort möglich – und machte aus dem reinen Lichtspielhaus wieder einen Ort der Kultur, auf dessen Bühne auch Live-Programme gespielt werden. Namhafte Kabarettisten und Bands treten dort auf. Für sein herausragendes Filmprogramm wurde das Kur-Theater wiederholt von der Film- und Medienstiftung NRW ausgezeichnet.

In den Saal passen 190 Zuschauer. Sie sehen Aktuelles und Programmfilme. Einmal in der Woche sitzen junge Mütter (und Väter) mit ihrem Nachwuchs in den gemütlichen roten Sesseln. Beim morgendlichen Wickeltaschenkino sind Kinder ausdrücklich erwünscht. Das Projekt ist einmalig in NRW.

☞ Wer immer schon mal von einer Privatvorstellung träumte, kann das Kino auch mieten. Filmabende sind genauso möglich wie Feiern jeder Art.

263 KILOMETER QUER DURCHS BERGISCHE LAND

Der Bergische Weg

Der Bergische Weg ist etwas für die Ferien – wenn man ausgesprochen gut zu Fuß ist. Nicht ganz so ambitionierte Wanderer teilen sich die 13 Etappen des Fernwanderweges vielleicht lieber auf diverse Wochenenden auf, statt sie innerhalb von zwei Wochen am Stück zu bewältigen.

263 Kilometer ist der bergische Fernwanderweg lang, der im Herbst 2013 eröffnet wurde. Eigentlich gibt es den Wanderweg schon seit 1935, damals wurde er vom Sauerländischen Gebirgsverein angelegt. Als Bergischer Weg wurde er komplett überarbeitet und neu bezeichnet. Das war den Tourismusverbänden des Bergischen Landes möglich mit Hilfe von Fördermitteln des Landes und der Europäischen Union.

Immer dem orangenen Markierungszeichen hinterher, so heißt die Devise. Der Weg ist durchgehend gekennzeichnet. Zusätzlich gibt es Wegweiser, die markante Punkte herausheben. Das können Einkehrmöglichkeiten, Bahnhöfe oder Sehenswürdigkeiten sein. Die Tourismusexperten versprechen, dass die Wanderer ihren Weg auch ohne Karte finden.

Das geschlängeltes Weg-Symbol auf signalorangefarbenem Grund leitet die Wanderer durch die Region. Sie starten im Ruhrgebiet – in Essen am Baldeneysee. Wer nach 263 Kilometern das Ziel erreicht, steht in 321 Metern Höhe auf dem Drachenfels im Siebengebirge und blickt auf das Rheintal hinab. Die meisten der 13 Etappen sind tagesfüllend – sie sind zwischen 11,6 und 31,3 Kilometern lang.

Der Weg präsentiert das Beste, was das Bergische Land zu bieten hat. Zuallererst ist das natürlich die fantastische Landschaft. Abwechslungsreiche Mischwälder, mal licht, mal düster, enge Täler mit gluckernden Bächen, steile Anstiege und dann wieder schöne Fernsichten. Da kann es den Wanderern schon mal tüchtig warm werden. Zugleich führt der Bergische Weg aber auch an vielen der schönsten – und geschichtsträchtigen – Orte des Bergischen Landes und der angrenzenden Regionen vorbei. Schloss Burg und Altenberg, die

Keimzellen des Bergischen Landes, wo einst die Grafen von Berg residierten, fehlen genauso wenig wie die Müngstener Brücke oder das barocke Schloss Bensberg in Bergisch Gladbach.

Unterwegs verlässt der Weg durchaus die altbekannten Pfade, die vielen Wanderern und Spaziergängern aus der Region vertraut sind. So führt er beispielsweise auf der Strecke nach Schloss Burg nicht durch den Brückenpark, der für so viele Familien ein Ausflugsziel ist, und gemütlich entlang der Wupper nach Unterburg. Gleich hinter der Napoleonsbrücke am Zugang zum Brückenpark geht's in Serpentinen steil den Berg hinauf. Auf einem Höhenweg laufen die Wanderer durch den Wald, unter der Müngstener Brücke hindurch bis nach Unterburg. Erst dort steigen sie wieder zur Wupper hinab – um dann erneut vor dem steilen Anstieg hinauf nach Schloss Burg zu stehen.

Wer zu diesem Zeitpunkt nach knapp 23 Kilometern verständlicherweise keine Lust oder Puste mehr dazu hat, nimmt die Seilbahn hinauf zur Burg. Sollten die Wanderer noch Lust auf eine Burgbesichtigung oder eine deftige Stärkung bei einer Bergischen Kaffeetafel haben, sollten sie morgens rechtzeitig aufbrechen, um Schloss Burg noch zu den Öffnungszeiten zu erreichen.

Das gilt für alle Etappen: Wer noch etwas von den Sehenswürdigkeiten oder verlockenden Einkehrmöglichkeiten haben möchte, sollte dies von vornherein in seiner Zeitplanung bedenken. Die Tourismusverbände teilen den Bergischen Weg in 13 Etappen ein. Zu allen gibt es auf der Internetseite www.bergisches-wanderland.de Kurzbeschreibungen, Karten und Tracks für GPS-Geräte. Eine alternative Wegführung mit zwölf Etappen und teils ausführlicheren Beschreibungen bietet das Internetportal www.ich-geh-wandern.de/bergischer-weg.

MARKUS HAU BEIM ZWICKELN. ER ZAPFT GANZ FRISCHES DUNKLES BIER.

ERLEBNISBRAUEREI LOHMAR /// MEIGERMÜHLE 2 /// 53797 LOHMAR ///
0 22 46 / 3 03 82 85 /// WWW.ERLEBNISBRAUEREI-LOHMAR.DE ///

GANZ FRISCH VOM FASS

Lohmar – Erlebnisbrauerei

61

Mit der lästigen Siezerei hält sich Markus Hau nicht lange auf. Wer zu ihm kommt, um an der Theke ein Bier zu trinken, eine Kiste zu kaufen oder ein Pittermännchen (so werden Fässchen in der Region bezeichnet), wird vom Braumeister geduzt. Das passt zur Atmosphäre in der Erlebnisbrauerei.

Seit 2010 betreibt er Hau's Brauerei neben dem Restaurant Meigermühle. Ursprünglich sollte der kleine Betrieb für ihn nur ein zweites Standbein neben seiner Tätigkeit in einer Kölner Großbrauerei sein. 400 Hektoliter beträgt die Jahresproduktion mittlerweile. Ein helles Bier, ein dunkles und ein Weizenbier hat er ständig im Angebot, hinzu kommen ein frisches Sommerbier zur entsprechenden Jahreszeit und ein etwas süßeres Märzenbier, das er ab der Weihnachtszeit anbietet. Waldmoor heißt die Marke. »Das Wasser des Bergischen Landes eignet sich besonders zum Brauen«, sagt Hau.

Bei der Arbeit lässt er sich gern zugucken. Er erklärt und erklärt. Besonders strahlt er, wenn die Kupferkessel frisch geputzt sind und leuchten.

Anders als die immer einheitlicher schmeckenden Biere aus der industriellen Massenproduktion hat sein Waldmoor einen eigenen Charakter, betont Hau. »Ich vergewaltige die Zutaten nicht«, sagt der Braumeister. Gehaltvoller sei es und reicher an Vitaminen. Den Härtetest bestanden seine Produkte auf einem Dorffest. Die Veranstalter wagten es nicht, allein Haus Bier zu verkaufen und boten deshalb zusätzlich eine Sorte Kölsch an. »Die Kölsch-Hähne haben sie irgendwann zugemacht«, berichtet Hau stolz. Sein Bier war der Gewinner.

In drei, vier Gaststätten gibt es seine Produkte auch. Doch dieser Markt ist für ihn schwierig zu ›beackern‹. Die meisten Wirtschaften sind an große Brauereien gebunden, sodass sich selten eine Nische für einen Kleinen auftut. Also serviert Hau sein Bier vornehmlich am eigenen Tresen.

Ein paar Kilometer nördlich, ebenfalls auf Lohmarer Gebiet, braut Maximilian Päffgen auf der renovierten Hofanlage Klasberg sein Pfaffen-Bier.

TAFELN INFORMIEREN ÜBER DIE ZEIT, DIE HEINRICH BÖLL IN MUCH VERBRACHTE.

BÖLLWEG (START/ZIEL: FIT-HOTEL) /// BERGHAUSEN 30 /// 53804 MUCH /// WWW.BERGISCHES-WANDERLAND.DE (BÖLLWEG) ///

Die Kontraste sind groß: Der Blick des Wanderers geht weit über oberbergische Hügel, über sattes Grün im Sommer und blühende Obstbäume im Frühling. Doch die Tafeln am Wegrand bei Much erzählen von Krieg, Not und Überlebenskampf. Sie illustrieren einen Lebensabschnitt des Schriftstellers Heinrich Böll.

Als ihre Kölner Wohnung im letzten Kriegswinter 1944 ausgebombt wurde, fanden die jungverheirateten Heinrich und Annemarie Böll Zuflucht auf dem Land. Ein zwölf Kilometer langer Rundwanderweg verbindet die Orte rund um die Gemeinde Much, die für die Familie überlebenswichtig wurden.

Im ehemaligen Pfarrsälchen von Much-Marienfeld, wo schon Bölls Bruder Alois mit seiner Familie untergekommen war, hatten auch Heinrich und Annemarie zeitweilig ein Behelfsheim. Heute ist in dem Gebäude eine Post. An der Hauswand hängt ein Schild: ›In memoriam Heinrich Böll. Er wirkte für mehr Menschlichkeit.‹ Auf dem nahen Friedhof liegt Bölls erster Sohn Christoph begraben. Er starb im Alter von nur drei Monaten im Herbst 1946, wenige Tage, nachdem Böll aus der Kriegsgefangenschaft zurückgekehrt war.

Böll, der Soldat, schaffte es in den letzten Kriegsmonaten immer wieder, sich nach Much durchzuschlagen – mit gefälschten Urlaubspapieren oder falschem Krankenschein. Auch davon erzählen die acht Tafeln am Wegesrand. Mit Zitaten aus Bölls Werken, Fotos und Zeitleisten geben sie Einblicke in die Zeit, die Böll so beschreibt: ›Angst und Hunger, Hunger und Angst vor den Deutschen.‹

Drei bis vier Stunden nimmt der Weg in Anspruch. Er führt durch hügeliges Gelände meist über breite Feldwege und asphaltierte Seitenstraßen. Ein ambitionierter Sonntagsspaziergang, bequem zu laufen, mit schönen Ausblicken, viel Ruhe und Naturerlebnissen.

Am Ende des Weges hat der Wanderer zwei Wünsche: etwas Kühles trinken – und Böll lesen.

Heinrich Böll (1917–1985) bekam 1972 den Nobelpreis für Literatur. Die letzten Kriegsmonate beschreibt er in ›Brief an meine Söhne oder vier Fahrräder‹.

DER SCHWARZE MARLIN ALS TROPHÄE ZIERT EINE WAND IN STROMBERG.
DER ORT GEHÖRT ZUR GEMEINDE WINDECK.

TOURIST-INFO WINDECK /// RATHAUSSTRASSE 12 /// 51570 WINDECK ///
0 22 92 / 1 94 33 /// WWW.WINDECK-BEWEGT.DE ///

DICKE FISCHE IN DER SIEG

Stromberg – Ufer der Sieg

63

Der Respekt einflößende Kamerad, der da grimmig aus der Scheune in Stromberg an der Sieg schaut, ist eine Kostbarkeit. Es handelt sich um einen Schwarzen Marlin, wie eine Plakette unter dem imposanten Fischkopf verrät. Mit einer Spitzengeschwindigkeit von 130 Stundenkilometern gehört er zu den schnellsten Fischen überhaupt und würde sich auf einer deutschen Autobahn wohlfühlen. Gemeinhin trifft man ihn allerdings in den tropischen und subtropischen Regionen des Pazifiks an – nicht in der Sieg.

Dabei ist der südlichen Grenzfluss des Bergischen Landes ein Gewässer, das seit alters her für seinen Fischreichtum bekannt ist. Bei der Ernährung der Bevölkerung spielten die ›Brotfische‹ Barbe, Nase und Lachs, aber auch Aal, Bachforelle und Hecht eine wichtige Rolle. Die Fischereirechte lagen früher beim Grafen, der von seinen Untertanen eine Steuer für die Nutzung verlangte.

Infolge der Industrialisierung verschmutzte die Sieg allerdings im 19. und 20. Jahrhundert erheblich. An der oberen Sieg war sie schon vor dem Ersten Weltkrieg teilweise tot. Es gab mehrere große Fischsterben. Alleine die Firma Krages in Etzbach, die einst Holzfaserplatten herstellte, verursachte fünf davon. Erst im Jahr 1986 konnte dort die Gefahr beseitigt werden, indem man den Tümpel mit den hochgiftigen Abfällen stilllegte.

Inzwischen hat sich die Sieg zu einem der fischreichsten Flüsse Deutschlands entwickelt. 36 Fischarten leben dort, unter anderem Lachse, die wieder angesiedelt wurden. Angelockt durch diesen Fischreichtum haben sich Graureiher und Kormorane eingefunden, die inzwischen große Kolonien gegründet haben. Mehrere Muschelarten konnten nachgewiesen werden, auch Flusskrebse – sie siedeln sich nur bei besonders guter Wasserqualität an – sind in der Sieg wieder heimisch.

Bis zu 400 Jahre alte Eichen säumen die Sieg bei Stromberg. Zu Napoleons Zeiten wurden dort Schweine gehalten. Heute ist der Hain ein Freizeitareal.

ROTSCHEROTH /// 53809 RUPPICHTEROTH ///
WWW.RUPPICHTEROTH.DE ///

DER RIESE IM WALD

Ruppichteroth-Rotscheroth – der dicke Baum

64

Fünf Menschen sind nötig, um diesen Baum zu begreifen. Mit einem Stammumfang von fast sieben Metern gehört die Esskastanie im Wald von Ruppichteroth-Rotscheroth zu den dicksten Bäumen in Nordrhein-Westfalen. Manche sagen sogar, sie ist der dickste. In jedem Fall ist sie mit einem Alter von rund 400 Jahren ein wahrer Methusalem. 500 bis 600 Jahre können Ess- oder auch Edelkastanien alt werden.

An dem Riesen im bergischen Wald hat der Zahn der Zeit genagt, ohne Zweifel. Ein Teil des Stammes ist hohl. Man erkennt, dass der Baum in der Vergangenheit den einen oder anderen Ast verloren hat. Normale Altersprobleme, sagt der Umweltschutzbeauftragte der Gemeinde. Insgesamt sei die Esskastanie gesund.

Früher stand sie auf einer Wiese nahe eines Forsthauses. Doch seit diese vor einigen Jahrzehnten aufgeforstet wurde, ist der Rotscherother Riese im Wald verschwunden. Gleichwohl ragt er mit seinen rund 30 Metern Höhe aus dem lichteren Unterholz hervor.

Obwohl die Gemeinde den Baum als eine ihrer Sehenswürdigkeiten auflistet, weist kein Schild auf ihn hin; in gängigen Karten ist er nicht eingezeichnet, Wegbeschreibungen im Internet sind vage. Dennoch ist es nicht schwer, ihn zu finden. Da die Straße Rotscheroth, an der nur wenige Häuser stehen, nur von Anliegern befahren werden darf, sollten Besucher auf dem Wanderparkplatz an der Kreisstraße 55 zwischen Ruppichteroth und Windeck-Wilberhofen parken. Auf der anderen Straßenseite führt ein breiter Fahrweg in den Wald hinein. Nach einigen hundert Metern, kurz vor den Häusern von Rotscheroth, liegt die zugewachsene Lichtung, die sich erkennbar vom restlichen Wald abhebt, zur Linken der Wanderer. Ein Trampelpfad führt zur Kastanie.

Von nahem wirkt sie auf den ersten Blick unscheinbar. Wer aber versucht, sie mit seinen Armen zu umspannen, erkennt, welchen Riesen er vor sich hat.

Der Besuch beim Riesen-Baum lässt sich mit einem Spaziergang oder einer ausgedehnten Wanderung verbinden. Informationen unter www.bergisch-hoch-vier.de

HIER VERSAMMELTE SICH DIE FAMILIE SELIGMANN ZUM SCHABBAT-MAHL.
GEDENKSTÄTTE /// BERGSTRASSE 9 /// 51570 WINDECK-ROSBACH ///
0 22 41 / 13 25 65 /// WWW.NS-GEDENKSTAETTEN.DE/NRW/ROSBACH ///

LEBEN UND LEIDEN DER LANDJUDEN

Windeck – Gedenkstätte Rosbach

Der Tisch ist für sechs gedeckt. Mit gutem Geschirr und schönen Weingläsern. Die zwei Schabbat-Leuchter stehen in der Mitte, zwischen ihnen liegen zwei Challot, die traditionellen Schabbat-Brote in Form eines mit Mohn und Sesam bestreuten Hefezopfes. Neben dem Platz am Kopfende liegt aufgeschlagen ein hebräisches Gebetbuch.

So ähnlich mag er ausgesehen haben, der Tisch, an dem die Familie Seligmann jeden Freitagabend Platz nahm, um den Beginn des Schabbats, des jüdischen Ruhetags, zu feiern. Viele der Gegenstände waren in der Familie in Gebrauch.

Der festlich hergerichtete Raum, dieser Einblick in den jüdischen Alltag, macht den Kontrast umso größer zu dem, was die Räume davor mit einfachen Worten, Fotos und Schriftstücken dokumentieren: Die Vertreibung und Vernichtung der Juden, die bis zum Nationalsozialismus in den ländlichen Gebieten an der Sieg lebten.

Wie der Altwarenhändler Max Seligmann und seine Familie. In ihrem Haus in Windeck-Rosbach, einem verwinkelten Fachwerkhaus am Ende eines engen Sträßchens, wurde 1994 die Gedenkstätte ›Landjuden an der Sieg‹ eingerichtet.

Die Seligmanns lebten seit Beginn des 19. Jahrhunderts in Rosbach; Moses Seligmann gehörte zu den Gründern der örtlichen Synagogengemeinde. Das 1879 aus Holz gebaute Rosbacher Bethaus wurde wie die Synagogen in den Nachbardörfern in der Reichspogromnacht am 9./10. November 1938 in Brand gesetzt und für immer zerstört.

In einer Region, in der auch zu Beginn des 21. Jahrhunderts eine rechte Szene existiert, erinnert der Rhein-Sieg-Kreis daran, dass es jüdisches Leben in Deutschland nicht nur in den Städten gab.

Die Landjuden bekommen in Rosbach ein Gesicht. Die Gesichter der Seligmanns, die sich 1938 zum letzten Mal zu einem Foto mit der ganzen Familie aufstellen konnten, bleiben besonders in Erinnerung.

Die Gedenkstätte organisiert auch ein umfangreiches Programm mit Vorträgen, Führungen und Exkursionen zum jüdischen Leben im gesamten Rhein-Sieg-Kreis.

OBERHALB DER FABRIKRUINEN ERINNERT EIN TEICH AN DIE INDUSTRIELLE VERGANGENHEIT DES TALS.

PULVERMÜHLE /// ELISENTHALSTRASSE /// 51570 WINDECK-DATTENFELD /// 0 22 92 / 9 29 08 31 /// WWW.WINDECK-BEWEGT.DE ///

DER ANTICHRIST WOHNT NETT IM GRÜNEN

Windeck-Dattenfeld – Elisenthal

66

Im prächtigen Garten der noch prächtigeren Villa links am Einstieg ins Elisenthal blühen die Rhododendren: rötlich, bläulich und in allen Farbschattierungen dazwischen. Weiter oben am Hang leuchtet gelb der Besenginster. Rundherum wächst frisches Grün. Die Sonne scheint, die Vögel zwitschern.

Der Regisseur Lars von Trier brauchte viel Fantasie, um sich dieses Tal als Schauplatz eines verstörenden Films auszusuchen. Im Elisenthal – einem Seitental am Mittellauf der Sieg – hat der hochdekorierte Filmemacher aus Dänemark die Schauplätze für ›Antichrist‹ gefunden. Willem Dafoe und Charlotte Gainsbourg spielen die Hauptrollen in dem Psychothriller mit Horrorfilm-Elementen und blutigem Finale. Es hat gute Gründe, dass der Film erst für Kinobesucher ab 18 Jahren freigegeben wurde.

Die Betonruinen im Tal sind Überbleibsel einer Pulvermühle, wie es sie einige in abgelegenen Tälern der Region gab. Von 1868 bis zu Beginn des Ersten Weltkriegs wurde hier Schwarzpulver hergestellt. Nach zwei Explosionsunglücken 1915, bei denen 13 Arbeiter starben, gaben die Betreiber das Werk auf. 1918 wurde die Fabrik demontiert und zum Bestandteil der Reparationsleistungen an Russland.

Ein 1,3 Kilometer langer Rundweg führt heute durch die Reste der Gebäude. Er folgt dem Verlauf der früheren Werkspferdebahn. Auf Schautafeln wird der Produktionsprozess anschaulich gemacht. Wer per Handy eine dort nachzulesende Telefonnummer anruft, bekommt einen zweieinhalbminütigen Vortrag mit Erläuterungen zur Pulvermühle. Der Text beruht auf den Erinnerungen eines Vorarbeiters.

Nur vom Wege abkommen sollte man nicht, wie Hinweisschilder warnen. Hin und wieder tut sich noch einmal ein Abgrund auf. Dafür werden Lars von Trier und seine blutigen Fantasien nicht einmal gebraucht.

Ein paar hundert Meter östlich liegt das Museumsdorf Altwindeck. Empfehlenswert ist dort die Gaststätte Zur Linde in einem Fachwerkhaus.

DER ERKLÄRER DER NATION

Ranga Yogeshwar

11/11

Tsunami und Bio-Eier, die ständig frierenden Füße der Frauen und die Tücken des Internet – es gibt kaum ein Feld, auf dem Ranga Yogeshwar nicht unterwegs ist. ›Ein-Mann-Kompetenzzentrum‹ hat das Nachrichtenmagazin ›Der Spiegel‹ den Sohn eines indischen Ingenieurs und einer Luxemburger Kunsthistorikerin genannt, als der einem Millionenpublikum im Fernsehen ganz ohne Panikmache die Tragweite der Atomkatastrophe im japanischen Fukushima nahebrachte. »Charmant« findet Yogeshwar diese Bezeichnung. Weil sie in etwa das trifft, auf das er nach seinem journalistischen Selbstverständnis Wert legt: die inhaltliche Durchdringung eines Themas. Deshalb nennt er sich selbst auch viel lieber Wissenschaftsjournalist als bloß Moderator.

In seinen Magazinsendungen und bei Talkshows im Fernsehen, im Hörfunk und in den Regalen der Buchhandlungen ist der Erklärer der Nation überall präsent. Doch wie kann es sein, dass sich ein Mann auf so vielen Feldern anscheinend sicher bewegt? Zum einen, so betont er, muss man einem komplexen Thema mal auf den Grund gegangen sein. Die Elementarteilchen- und Atomphysik, mit der er sich im Studium in Aachen vornehmlich befasste, war das in seinem Fall. Außerdem verleibe er sich seit 30 Jahren tagtäglich neues Wissen, neue Inhalte, neue Zusammenhänge ein. Als Kind schon habe er ›neugierig in die Welt geguckt‹, ohne ein konkretes Berufsziel zu haben. Den Blick hat er sich bis heute bewahrt.

Yogeshwar studiert übrigens gern den nächtlichen Himmel. In seinem Garten in Hennef steht ein Teleskop. »Für einen Astronomen ist es nicht gerade ein Segen, in unserer Region zu leben«, klagt er. Klare Nächte sind hier selten, und das Licht der benachbarten Großstädte stört auch. In Ruppichteroth aber hat er ein paar Ecken entdeckt, an denen der Sternenhimmel seine ganze Pracht entfaltet.

Ranga Yogeshwar ist der Kopf von ›Quarks & Co.‹. Die unterhaltsame Wissenssendung läuft seit 1993 jede Woche im Fernsehprogramm des WDR.

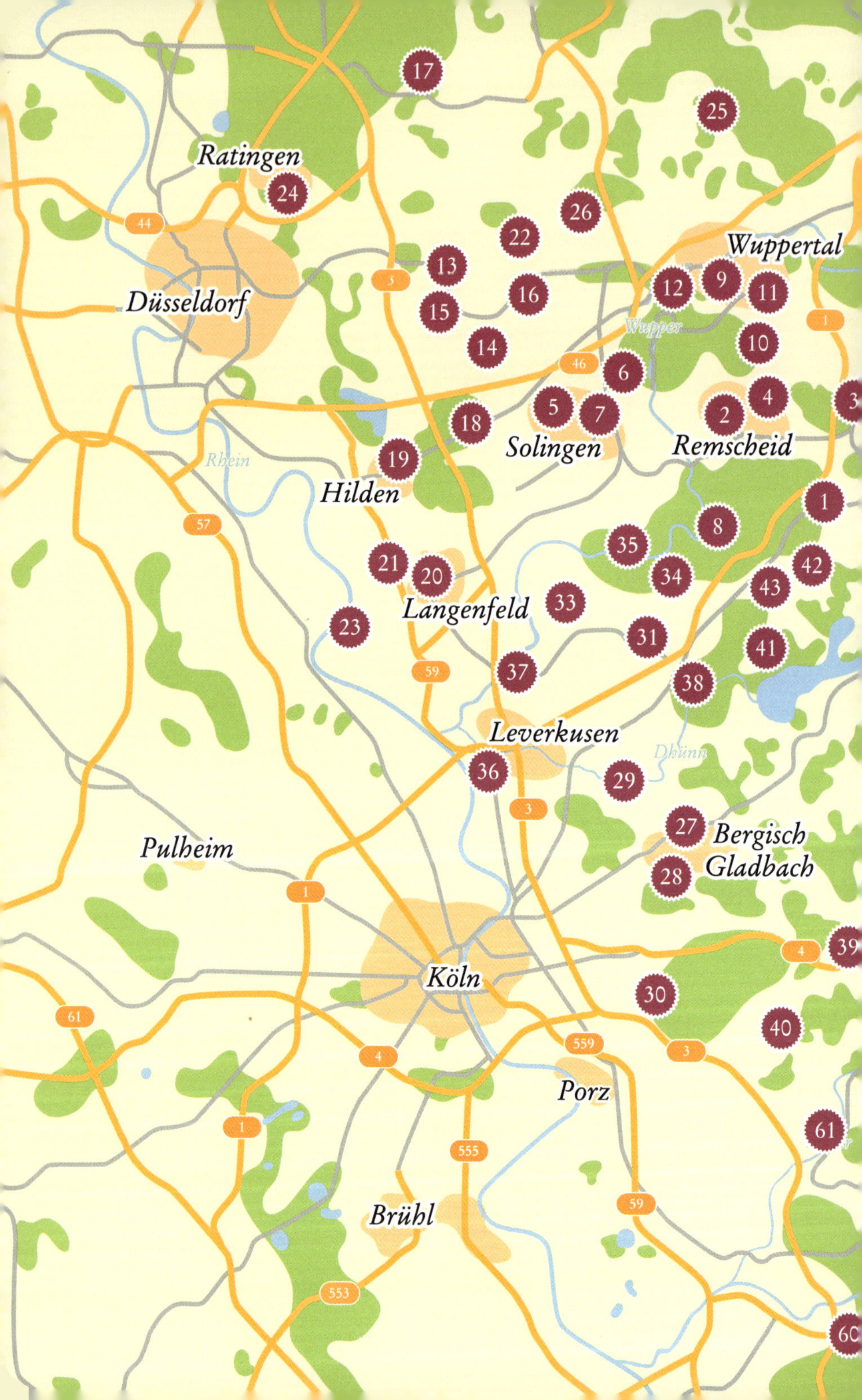

Ratingen
Düsseldorf
Wuppertal
Wupper
Solingen
Remscheid
Rhein
Hilden
Langenfeld
Leverkusen
Dhünn
Bergisch
Gladbach
Pulheim
Köln
Porz
Brühl
17
25
24
26
22
13
16
15
14
12
9
11
10
6
5
7
4
2
18
19
1
8
35
34
42
43
21
20
33
23
31
41
37
38
36
29
27
28
39
30
40
61
60
44
3
46
57
59
1
4
61
559
555
553

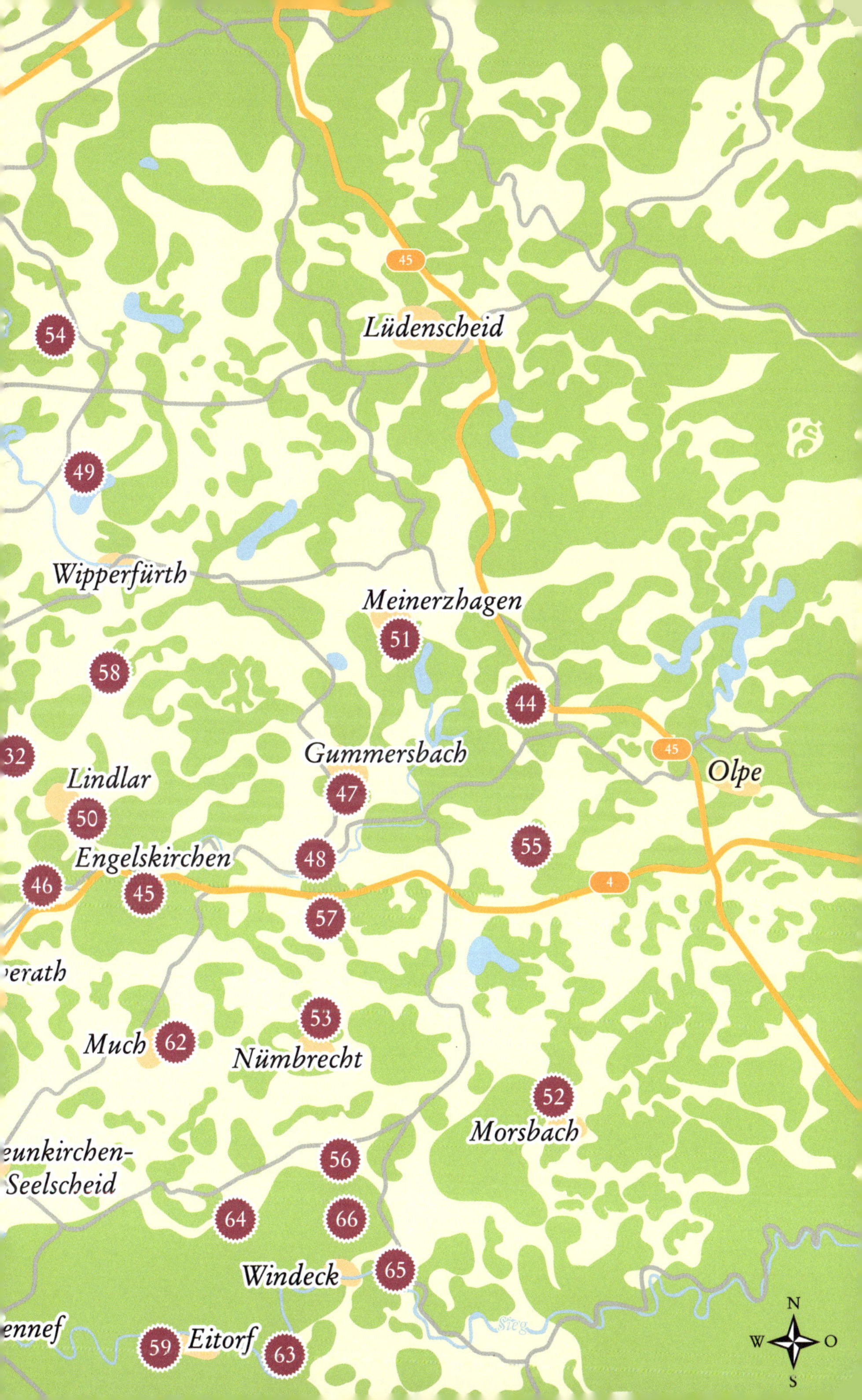

45
Lüdenscheid
54
49
Wipperfürth
Meinerzhagen
51
58
44
45
Olpe
32
Lindlar
Gummersbach
47
50
55
Engelskirchen
48
46
45
4
57
erath
53
Much
62
Nümbrecht
52
Morsbach
eunkirchen-
Seelscheid
56
64
66
Windeck
65
ennef
59
Eitorf
63
Sieg
N
W
O
S

REGISTER

HOCHSPANNUNG
AUS DEM SIEGTAL
GMEINER

ENTDECKEN SIE WEITERE LIEBLINGSPLÄTZE!

Liebevoll ausgestattete Reiselesebücher mit individuellen Tipps, die Lust aufs Entdecken und mehr machen.

ISBN 978-3-8392-1255-4

ISBN 978-3-8392-1470-1

ISBN 978-3-8392-1357-5

ISBN 978-3-8392-1164-9

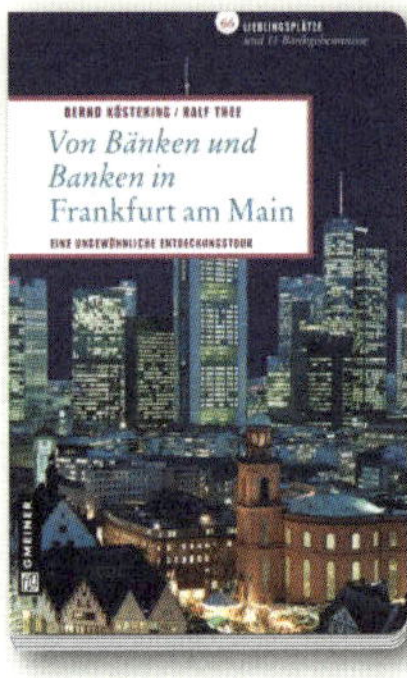

ISBN 978-3-8392-1362-9

ISBN 978-3-8392-1281-3